Schriften zu th[...] der Politikwissenschaft

Politik begreifen

Schriften zu theoretischen und empirischen Problemen der Politikwissenschaft

Band 15

Verwaltungsreform und Effizienz

Eine Analyse des Neuen Steuerungsmodells
für Kommunalverwaltungen

von

Stefan Schlag

Herausgegeben von
Dr. Johannes Marx
Dr. Annette Schmitt
Prof. Dr. Volker Kunz

Tectum Verlag

Stefan Schlag

Verwaltungsreform und Effizienz.
Eine Analyse des Neuen Steuerungsmodells für Kommunalverwaltungen

Politik begreifen: Schriften zu theoretischen und empirischen Problemen
der Politikwissenschaft; Band 15
Umschlagabbildung: © complize / photocase.com
ISBN: 978-3-8288-2554-3
ISSN: 1867-755X

© Tectum Verlag Marburg, 2011

Besuchen Sie uns im Internet
www.tectum-verlag.de

Bibliografische Informationen der Deutschen Nationalbibliothek
Die Deutsche nationalbibliothek verzeichnet diese Publikation in der
Deutschen Nationalbibliografie; detaillierte bibliografische Angaben
sind im Internet über http://dnb.ddb.de abrufbar.

Vorwort der Herausgeber

Der vorliegende Beitrag von Stefan Schlag stellt eine ausgezeichnete Forschungs-arbeit dar, die sich durch begriffliche Präzision, argumentative Schärfe, hohes Abstraktionsniveau und fundierte theoretische Kenntnisse auszeichnet. Schlag demonstriert diese Fähigkeiten anhand der Auseinandersetzung mit einem in der Politikwissenschaft erstaunlicherweise kaum beachteten Thema. Er untersucht, inwiefern von dem Maßnahmenpaket, das unter dem Namen 'Neues Steuerungs-modell' firmiert, grundsätzliche Effizienzsteigerungen im kommunalen Verwal-tungshandeln zu erwarten ist.

Die Arbeit beginnt mit der Darstellung der institutionellen Bedingungen kom-munaler Selbstverwaltung. Es folgt eine systematische und klar strukturierte Darstellung des Neuen Steuerungsmodells und seiner theoretischen Grundlagen. Daran anschließend untersucht Schlag die aufgeworfene Forschungsfrage mittels eines originellen theoretischen Zugriffs. Dafür greift er auf die ökonomische Bürokratietheorie von Niskanen zurück. Mit Hilfe dieses Instrumentariums re-konstruiert er die grundlegenden Annahmen des Neuen Steuerungsmodells in einer einheitlichen Theoriesprache und deckt die zentralen Wirkungsmechanis-men des Neuen Steuerungsmodells auf. Auf diese Weise gelingt dem Verfasser eine eindrucksvolle theoretische Auseinandersetzung mit einem komplexen und praxisrelevanten politikwissenschaftlichen Thema.

Es ist uns eine große Freude, diesen hervorragenden wissenschaftlichen Beitrag in Rahmen dieser Reihe veröffentlichen zu können.

Die Herausgeber

Januar 2011

Inhaltsverzeichnis

Abbildungsverzeichnis

Tabellenverzeichnis

*„Bestürzt über das, was andere Menschen für die Wahrheit über
den öffentlichen Dienst oder den Wohnungsbau halten, habe ich
hin und wieder versucht, denen, die sich dafür interessieren, einen
kleinen Einblick in die Wirklichkeit zu geben. "*

*„Das ständige Wachsen der Beamten- und Angestelltenzahlen
vollzieht sich nach Parkinsons Gesetz - und es vollzieht sich,
gleich ob die Arbeit zunimmt, abnimmt oder ganz verschwindet. "*

*(Cyrill Northcote Parkinson: Parkinsons Gesetz und andere
Untersuchungen über die Verwaltung, 1957)*

1   Einleitung

1.1   Reformdruck und Reformmüdigkeit

Zahlreiche Gemeinden in Deutschland sehen sich massiven Haushaltsproblemen
ausgesetzt. Der Deutsche Städtetag weist im Bericht zur Finanzlage der Städte
auf die sich zuspitzende Lage hin. Strukturelle Defizite werden in den letzten
Monaten durch sinkende Steuereinnahmen und steigende Sozialausgaben noch
verstärkt. Viele Gemeinden können nur mit schmerzhaften Sparprogrammen re-
agieren. Selbst die grundgesetzlich garantierte kommunale Selbstverwaltung ist in
Gefahr. (Deutscher Städtetag, Pressemeldungen vom 02.02.2010)

Das ist allerdings kein neues Problem. Schon in den 1990er Jahren verschlechter-
te sich die kommunale Haushaltslage in Folge der Wiedervereinigung dramatisch.
Diese Situation und der daraus folgende Veränderungsdruck durch Bürger und
Bundesländer führten zu einer Reformwelle im kommunalen Politikbereich.
(s. dazu ausführlich Bogumil 2001, Kersting 2004) Neben Privatisierungsbemü-
hungen und der Einführung direktdemokratischer Elemente spielte der Ausbau
kooperativer Formen der Demokratie mit den Stichworten Bürgerkommune und
Lokale Agenda eine Rolle. Besondere Aufmerksamkeit wurde auch den kommunalen Verwaltungsapparaten geschenkt. (Bogumil/Holtkamp/Kißler 2004: 64)
Einmal mehr geriet, wie schon in den wissenschaftshumoristischen Schriften von
Cyrill Northcote Parkinson, der seit Max Weber dominierende Idealtypus der bürokratischen Organisation in die Kritik. Im Fokus steht nun die Effizienz der öffentlichen Verwaltungsleistungen. Die Debatte umfasst neben der Kritik kom-

munaler Aufgaben vor allem die Verwaltungsorganisation inklusive der Steuerungsmechanismen.

Die organisatorischen Reformen der kommunalen Verwaltungen betreffen einerseits die Finanzbuchhaltung und Haushaltsführung der Kommunen. Der Kernpunkt ist die Ablösung der Kameralistik durch die kommunale Doppik, also die Einführung der aus dem betriebswirtschaftlichen Rechnungswesen bekannten doppelten Buchführung. Diese buchhalterische Umstellung erweitert die liquiditätsorientierte Haushaltsführung um die Perspektiven der Ergebnis- und der Vermögensrechnung. Dadurch wird die Ermittlung von Kostenstrukturen und Vermögensveränderungen erleichtert. (s. dazu z. B. Beyer/Kinzel 2005)

Andererseits betreffen die Reformen die Aufbau- und Ablauforganisation der Verwaltungen. Angelehnt an Ideen aus der betriebswirtschaftlichen Organisationslehre und der Managementlehre sollten Verwaltungen zunehmend wie Unternehmen gesteuert werden. Dahinter steht die Annahme, dass die unternehmensähnliche Organisation der staatlichen bürokratischen Organisation hinsichtlich der Effizienz überlegen sei. Für diese Reformen hat sich in Deutschland die Bezeichnung Neues Steuerungsmodell (NSM) durchgesetzt. Die Reformen des NSM wurden seit Anfang der 1990er Jahre von der Kommunalen Gemeinschaftsstelle für Verwaltungsmanagement (KGSt) nach internationalem Vorbild des New Public Management (NPM) konzeptionell entwickelt[1] und werden seitdem von den Kommunen mit Unterstützung der KGSt schrittweise umgesetzt.

Wie die Meldungen des Deutschen Städtetages zeigen, haben sich die Haushaltsprobleme der Kommunen jedoch eher verschlimmert.

Der Blick auf das NSM ist indessen von Ernüchterung geprägt. Bei den Kommunen ist der Reformeifer einer „Reformmüdigkeit" (Röber 2005) gewichen. Trotz intensiver Bemühungen haben sich die erhofften positiven Effekte auf den Haushalt oft nicht eingestellt. Dabei darf aber nicht aus den Augen verloren werden, dass das NSM nur einen Beitrag zur Problemlösung leisten kann. Es ist lediglich auf eine effiziente Leistungserstellung gerichtet, die durch interne Organisation zu erreichen ist. Gegen eine an den Aufgaben gemessene strukturelle Unterfinanzierung der Kommunen kann das NSM nichts ausrichten. Der Anstieg der Sozialausgaben und sinkende Steuereinnahmen können mit Effizienzsteigerungen durch das NSM nicht ausgeglichen werden. (Banner 2008: 451) Doch auch jenseits der grundlegenden Finanzierungsprobleme überwiegen in Theorie und Praxis die kritischen Stimmen zum NSM. In der wissenschaftlichen Reflexion ist eine Debatte um das Scheitern des Reformmodells entstanden. (vgl. Kuhlmann 2006, Holtkamp 2008, Banner 2008) Im Zuge dieser Debatte stellt sich die Frage, warum der Erfolg des NSM ausbleibt.

---

[1] Federführend war Gerhard Banner, der zu dieser Zeit Leiter der KGSt und Honorarprofessor an der Deutschen Hochschule für Verwaltungswissenschaften in Speyer war.

1.2 Forschungsstand zum Neuen Steuerungsmodell

Die grundlegenden Publikationen zum NSM stammen von der KGSt. Neben der ersten Skizzierung der Konturen (1993) gibt es zahlreiche ergänzende konzeptionelle Darstellungen und Fallstudien. Diese Literatur ist die originäre Quelle für die Beschäftigung mit dem NSM. Durch die an die Gemeinden adressierten Veröffentlichungen der KGSt wurde das NSM erst konstituiert. Aus diesem Grund ist diese Literatur primär als pragmatischer Umsetzungsleitfaden zu verstehen. (Lüder/Streitferdt 2007: 125) Theoretische Fundierungen oder empirische Überprüfungen bleiben in diesen Schriften bewusst außen vor. Die Veröffentlichungen der KGSt zum NSM sind daher zwar keine Forschungsbeiträge, aber eine wesentliche Quelle für diese Arbeit.

Die Politikwissenschaft beschäftigt sich mit dem NSM im Bereich der Policy- und Verwaltungsforschung. Die einzelnen Forschungsbeiträge lassen sich grob in drei Bereiche einteilen.

Erstens stellen einführend-deskriptive Beiträge das NSM und seine Weiterentwicklung auf der Basis der KGSt-Schriften sowie von Praxiserfahrungen in den Kommunen dar. (z. B. Reichard 1994, Budäus/Conrad/Schreyögg 1998, Bogumil/Jann 2005: 199ff, Bogumil/Holtkamp 2006: 81ff) Sie gehen aber nicht über den deskriptiven Horizont der KGSt-Schriften hinaus.

Zweitens wird im Rahmen der Evaluationsforschung ein zunächst festgestelltes „Evaluationsdefizit" (Kuhlmann 2004a: 372) aufgearbeitet. Im Zentrum stehen Varianzen im Implementationsstand (Bogumil/Schmid 2001, Röber 2005) und darauf aufbauend die Evaluation der Wirkung des NSM (z. B. Jann et al 2004, Kuhlmann 2004a, Bogumil/Grohs/Kuhlmann 2006, Bogumil et al 2007, KGSt 2007). Festgestellt wird ein sehr heterogener Implementationsstand. Zwar orientieren sich die Kommunen am NSM, sie wählen jedoch einzelne Instrumente aus. Nur wenige Kommunen verfolgen das Gesamtkonzept NSM. (Bogumil/Grohs/ Kuhlmann 2006: 157) Mit Blick auf die Wirkung des NSM werden anfänglich festgestellte Effizienzgewinne inzwischen unter Einbeziehung der Kosten relativiert. (Bogumil et al 2007: 89) Ausgangspunkt der evaluativen Beiträge ist die Frage, ob mit dem NSM als Policy ein Soll-Zustand erreicht wurde, der durch das NSM selbst und die damit beabsichtigten Effekte definiert ist. (Bogumil/Grohs/ Kuhlmann 2006: 153)

Drittens wird das Verhältnis zwischen dem NSM und normativen Grundlagen der Kommunalpolitik wie Legitimität, Bürgernähe oder Allgemeinwohlorientierung untersucht. (z. B. Weiß 2002, Czerwick 2007)

Es fällt auf, dass weder im einführend-deskriptiven noch im evaluativen oder normativen Forschungsbereich die Elemente des NSM und ihr Zusammenhang einer inhaltlichen, theoriegeleiteten Analyse der Funktion unterzogen werden. Das NSM wird als Black-Box behandelt. Eine Ausnahme bildet die Arbeit von Kegelmann (2007), die in einem organisationskulturellen Bezugsrahmen nicht nur das NSM als Instrument untersucht, sondern die normativen Vorstellungen und mentalen Modelle herausarbeitet, die dem NSM als Kultur zugrunde liegen. Auf dieser Ebene wird eine Kontinuität alter und neuer Steuerungsmechanismen sichtbar. Nach Kegelmann kann das NSM daher die Steuerungsprobleme nicht besser lösen, als es vor der Reform möglich war. (Kegelmann 2007: 232f) Auch Osner (2001) deckt in einer problemorientierten Einzelfallanalyse theoretische Hintergründe auf.

Im Wesentlichen beschränkt sich die Literatur zum NSM jedoch darauf, die theoretische Herkunft des NSM aus Managerialismus und der Theorie der rationalen Entscheidung bzw. aus institutionenökonomischen Ansätzen zu betonen. (ausführlich z. B. Borins/Grüning 1998, Vogel 2006: 59ff, König/Reichard 2007, darin insbesondere Eichhorn 2007, aber auch Bogumil/Jann/Nullmaier 2006: 19, Kegelmann 2007: 79) Eine detaillierte Analyse der Elemente des NSM aus genau dieser Perspektive wird hingegen nicht geleistet.

Die Folge ist, dass das NSM als ein Maßnahmenbündel erscheint, dem Funktionen und damit verfolgte Ziele zwar zugeordnet werden können. Die Wirkungsmechanismen der einzelnen Elemente und die gegenseitige Ergänzung bleiben jedoch verborgen. Die wissenschaftliche Literatur hat also bisher nicht das theoretische Defizit der KGSt-Schriften aufgearbeitet. Aus steuerungstheoretischer Perspektive steht mit der Unkenntnis der Wirkungsmechanismen aber auch die Steuerungswirkung in Zweifel.

Dieser Arbeit liegt daher die Beobachtung zum Forschungsstand zugrunde, dass die theoretische Fundierung des NSM bisher unzureichend ist. (s. auch Osner 2001)

Auch in der internationalen Diskussion um NPM wird das Fehlen einer „Theorie des NPM" (Borins/Grüning 1998: 48) bemängelt. Diese dürfte sich nicht darauf beschränken, lediglich auf theoretische Grundlagen in Public Choice und Managerialismus hinzuweisen und diese Ansätze zu kritisieren. Die spezifischen theoretischen Hintergründe müssten einbezogen und aufgeklärt werden. (Borins/Grüning 1998: 48f) Daraus ergibt sich das Forschungsdesiderat einer „Theorie des NSM".

1.3 Fragestellung der Arbeit

Der erste Ausgangspunkt dieser Arbeit ist die politikpraktische Frage, warum das NSM von vielen Kommunen und teilweise in der wissenschaftlichen Diskussion als gescheitert angesehen wird. Daran schließt die Annahme an, dass für das Scheitern eines Reformmodells modellexterne (z. B. mangelnde externe oder interne Unterstützung, Führungsmängel oder Defizite in der Umsetzung) und modellinterne Gründe unterschieden werden können. (Kegelmann 2007: 15f)

Zweiter Ausgangspunkt ist die theoretische Lücke über die internen Wirkungsmechanismen, die die Politikwissenschaft bisher nicht geschlossen hat. Diese Arbeit soll einen Beitrag zur wissenschaftlichen Diskussion über mögliche modellinterne Gründe eines Scheiterns des NSM leisten.

Die Fragestellung lautet daher: Welche Wirkungsmechanismen liegen dem NSM zugrunde und wie können diese theoretisch begründet werden? Dies beinhaltet nicht nur die Suche nach ersten Bausteinen einer Theorie des NSM, sondern auch die theoretische Analyse der einzelnen Elemente des NSM. Diese soll einerseits die Funktion der Elemente erklären sowie andererseits auch den gesamten Zusammenhang deutlich machen. Auf dieser Basis kann das NSM als Gesamtmodell einer Kritik unterzogen werden.

Die Untersuchung beschränkt sich auf das von der KGSt propagierte NSM. Zugrunde gelegt wird das Grundmodell von 1993, das alle wesentlichen Elemente enthält. Zahlreiche spätere Erweiterungen (z. B. Personalmanagement, Total Quality Management, Reform des Vergütungssystems), die in der Diskussion ebenfalls unter dem Begriff NSM subsumiert sind, werden nicht berücksichtigt. Dieses Grundmodell ist zugeschnitten auf Kommunalverwaltungen. Der Gedanke eines neuen Steuerungsmodells ist mit der gleichen inhaltlichen Ausrichtung auch in weiteren öffentlichen Bereichen verfolgt worden. (z. B. zu Hochschulen Brinckmann 1998, Lange 2008) Diese Anwendungsbereiche werden hier nicht diskutiert. Auf diese Weise kann die Analyse auf einer konkreten konzeptionellen Basis aufbauen.

Das NSM als Teil der Reformwelle in den 1990er Jahren ist eine Antwort auf eine Vielzahl von Problemen. Für die Analyse müssen die Intentionen jedoch isoliert werden, um Wirkungsmechanismen formulieren zu können. Diese Arbeit beschränkt sich auf die Untersuchung des Ziels Effizienzsteigerung. Das NSM nur als Instrument zur Haushaltskonsolidierung durch Effizienzsteigerung anzusehen, wäre eine Verkürzung. (Banner 2008: 448) Dennoch kann die Effizienzsteigerung als Hauptmotivation für die Einführung durch die Kommunen angesehen werden. (Bogumil et al 2007: 37, auch Kersting 2004: 70) Ohne sich auf dieses eine Ziel zu beschränken, macht das auch die KGSt deutlich. Demnach stehen die Zukunftsfähigkeit und die Selbstverwaltung der Kommunen auf dem Spiel, wenn Leistungen nicht effizienter erbracht werden. Das Ziel ist daher, trotz knapperer Ressourcen den Leistungsstand zu halten oder zu verbessern. (KGSt 1996a: 3) Aus diesem Grund beschränkt sich diese Arbeit auf die Untersuchung der Wirkung des NSM unter Effizienzgesichtspunkten. Effizienz wird dabei durch das Verhältnis von Output, also z. B. kommunalen Leistungen, und Input, also die dafür verwendeten Ressourcen, gemessen. Die Leistungsproduktion ist effizienter, wenn die gleiche Leistung mit weniger Ressourcen produziert wird oder wenn mit den gleichen Ressourcen eine größere Leistung erbracht wird. (vgl. KGSt 1993: 10 und Bartling/Luzius 2008: 5)

Für die Analyse liegt es nahe, die theoretische Perspektive einzunehmen, die das NSM selbst geprägt hat. Desweiteren empfehlen sich Theorien, die den Gegenstand der Verwaltung (Bürokratie) abbilden können. Beide Bedingungen erfüllt die Neue Politische Ökonomie (NPÖ). Dieses Forschungsprogramm wendet das ökonomische Handlungsmodell auf Gegenstände der Politikwissenschaft an. Mit dem bürokratietheoretischen Ansatz von Niskanen (1971) existiert in diesem Rahmen ein Modell für die Erklärung von Ineffizienz in Verwaltungen. Zwar liegen insbesondere aus dem deutschen Sprachraum keine theoretischen Weiterentwicklungen und kaum Anwendungen auf politikpraktische Fragen vor. (Holzinger 2009: 549) Modelle in der Tradition von Niskanen beherrschen aber die Ausführungen zu Bürokratie in den Lehrbüchern zur NPÖ. (s. z. B. Erlei/Leschke/Sauerland 2007: 376ff, Mueller 2008: 359ff, Blankart 2006: 534ff, Frey/Kirchgäßner 2002: 174ff) Niskanens Modell stellt deshalb den Theorierahmen für die vorliegende Arbeit.

Im Zusammenhang mit dem NSM werden darüber hinaus die Principal-Agent-Theorie, die Transaktionskostentheorie und die Theorie der Verfügungsrechte genannt. (siehe z. B. Eichhorn 2007) Für eine Untersuchung unter Effizienzgesichtspunkten sind insbesondere die Kosten relevant. Der Theorierahmen wird daher durch eine Betrachtung der Transaktionskosten ergänzt.

Das NSM wird in dieser Arbeit weder ohne Hinterfragung als Problemlösung akzeptiert, noch wird das empirische Scheitern als Beleg für die Unzulänglichkeit des NSM als Reformmodell angesehen. Ob durch das NSM Effizienzsteigerungen möglich sind, die Haushaltsprobleme der Kommunen mildern können, und ob das NSM so seinen eigenen Ansprüchen gerecht werden kann, muss auch modellintern geklärt werden.

Die Arbeit schließt, indem sie sich aus ökonomischer Perspektive mit organisatorischen Verwaltungsmodernisierungen beschäftigt, einerseits an die ökonomisch orientierten Ansätze zu Verwaltungsreformen der 1960er Jahren an. (s. dazu z. B.

Jann 2009: 481) Andererseits steht die Arbeit in der Tradition der wissenschaftlichen Kritik, die diesen Bereich immer wieder zu Weiterentwicklungen anregte. Dies begann mit der Kritik der technokratischen und rationalistischen Positionen zu Politischer Planung durch Herbert Simon. Er wendete sich gegen empirisch nicht haltbare und inkonsistente Prinzipien der Organisation, die er als „Proverbs of Administration" (Simon 1946) bezeichnete. Eine weitere Station ist die Kritik von Brunsson an Organisationsprinzipien, die zwar plausibel, nicht aber theoretisch oder empirisch abgesichert sind. (Jann 2009: 491) Dieser Kritik müssen sich NPM-Ansätze und insbesondere auch das NSM stellen. (Jann 2009: 491)

1.4 Aufbau der Arbeit

Im 2. Kapitel wird zunächst der Bereich der öffentlichen Verwaltung vorgestellt, auf den der Reformansatz des NSM gerichtet ist. Der institutionelle Hintergrund der kommunalen Verwaltung wird in Form eines vereinfachten Modells skizziert. An dieser Skizze wird die grundlegende Steuerungsproblematik erläutert und der verwendete Steuerungsbegriff eingeführt.

Das NSM wird in Kapitel 3 erläutert. Nach der Vorstellung der grundlegenden Intention und Lösungsidee der KGSt mit Blick auf eine effizienzorientierte Steuerung der kommunalen Selbstverwaltung stehen die einzelnen Elemente des NSM im Vordergrund. Basis sind die Berichte der KGSt.

Kapitel 4 stellt die Elemente des theoretischen Rahmens für die Analyse des NSM zusammen. Ausgangspunkt sind grundlegende Bemerkungen zum Theorierahmen der Neuen Politischen Ökonomie (NPÖ). Das Kernelement bildet das Bürokratiemodell von Niskanen mit seinen Weiterentwicklungen. Mit diesem Modell wird die theoretische Begründung für Ineffizienz in Bürokratien geliefert. Das ergänzende Element der Transaktionskostentheorie wird nach Ronald Coase und Oliver Williamson eingeführt.

Die Analyse des NSM in diesem theoretischen Rahmen ist Gegenstand von Kapitel 5. In einem ersten Schritt wird ein auf deutsche Kommunalverwaltungen angepasstes Grundmodell der Verwaltung entwickelt. Im zweiten Schritt wird versucht, die einzelnen Elemente des NSM in diesem Grundmodell theoretisch zu rekonstruieren. Auf diese Weise werden die Wirkungsmechanismen der Elemente in ihrem Zusammenspiel transparent gemacht. Im dritten Schritt wird das Element des Wettbewerbs einer gesonderten Betrachtung aus Sicht der Transaktionskostentheorie unterzogen. Die Rekonstruktion ermöglicht Schlussfolgerungen über die Wirkungsmechanismen und Grenzen des NSM.

Die Arbeit schließt mit einem Fazit zur Möglichkeit der theoretischen Rekonstruktion des NSM und zum NSM als Reformmodell.

2 Steuerung in der Kommunalverwaltung

2.1 Staatliches Handeln und Verwaltung

Der politikwissenschaftliche Kontext dieser Arbeit ist Verwaltungshandeln auf kommunaler Ebene. In diesem Kapitel werden zunächst der Begriff der Verwaltung und seine Bedeutung auf kommunaler Ebene geklärt. Darin wird die Notwendigkeit der Steuerung ersichtlich. Das verwendete Steuerungsverständnis wird erläutert, bevor das Kapitel mit der Diagnose von spezifischen Steuerungsmängeln in der Kommunalverwaltung schließt.

Staatliches Handeln ist eng mit dem Begriff der öffentlichen Verwaltung verbunden. Aus Mangel einer Legaldefinition lässt sich der Begriff Verwaltung jedoch nur schwer fassen. Ausgehend vom Prinzip der Gewaltenteilung nach Artikel 20 GG, ist Verwaltung die staatliche Tätigkeit, die nicht Gesetzgebung oder Rechtsprechung, sondern vollziehende Gewalt ist. (Holtmann 2005: 335) Allerdings kann innerhalb der Exekutive die Regierung von Verwaltung im engeren Sinn unterschieden werden. Während die Regierung Leitungs- und Entscheidungsfunktion hat, bezeichnet Verwaltung die beauftragte Ausführung. Verwaltung ist in diesem Sinn sowohl die Tätigkeit der Ausführung politischer Entscheidungen als auch, aus organisatorischer Sicht, die ausführende Institution. (Holtmann 2005: 335)

Die Verwaltung ist in Deutschland in Bundes-, Landes- und Kommunalverwaltung gegliedert. Allerdings verfügen nur Bund und Länder über staatliche Hoheitsmacht. Die Kommunen[2] sind Teil der Länder und unterliegen einem Aufsichts- und Weisungsrecht. (Bogumil/Jann 2005: 81) Ihnen steht jedoch das Recht auf kommunale Selbstverwaltung zu.

2.2 Institutionelle Grundlagen der kommunalen Selbstverwaltung

Die Grundlage für die institutionelle Ausgestaltung der Politik auf kommunaler Ebene bildet Art. 28 GG. Absatz 1 fordert für das Volk in Gemeinden eine gewählte Vertretung oder eine Gemeindeversammlung. Den Gemeinden wird in Absatz 2 das Recht der kommunalen Selbstverwaltung gewährleistet, „alle Angelegenheiten der örtlichen Gemeinschaft im Rahmen der Gesetze in eigener Verantwortung zu regeln."

Die eigenverantwortliche Regelung der örtlichen Angelegenheiten muss dabei zwei Bedingungen gerecht werden. Erstens bedürfen die grundlegenden Ent-

---

[2]   Die Ausdrücke „Kommune" und „Gemeinde" werden in dieser Arbeit gleichbedeutend verwendet.

scheidungen der demokratischen Legitimierung. Zweitens müssen die finanziellen Ressourcen effizient bewirtschaftet werden. Aus diesen Bedingungen lässt sich die Notwendigkeit einer dualen Organisation der kommunalen Verwaltung ableiten. (Knemeyer 1999: 119f) Die kommunale Selbstverwaltung ist einerseits auf einen Organisationsteil angewiesen, der auf kollegialer Ebene nach demokratischen Grundsätzen beraten und dann mit legitimierender Kraft Entscheidungen fällen kann. Das ist die oben genannte gewählte Vertretung. Andererseits ist die Selbstverwaltung auf eine Organisation angewiesen, die Entscheidungen umsetzen und Aufgaben effizient ausführen kann. Das ist die Verwaltung im engeren Sinn (Knemeyer 1999: 119f) Beide Teile der kommunalen Selbstverwaltung sind in ihrer Tätigkeit zusätzlich an die jeweilige Bundes- und Landesgesetzgebung gebunden. (Schmidt-Eichstaedt 1999: 325)

In den Gemeindeverfassungen der Länder ist geregelt, wie die beiden organisatorischen Teile der kommunalen Selbstverwaltung ausgestaltet und miteinander verbunden werden können. Die föderale Vielfalt hat zu verschiedenen Modellen geführt, die trotz der Annäherung im Zuge der Reformwelle der 1990er Jahre weiterhin unterschieden werden können. (Walter-Rogg/Kunz/Gabriel 2005: 430) Es lassen sich jedoch in allen Modellen drei wesentliche Elemente identifizieren. Erstens gibt es die grundgesetzlich zugesicherte demokratisch gewählte Vertretungskörperschaft, zweitens eine Verwaltung[3] und drittens einen gewählten Hauptverwaltungsbeamten, der diese Verwaltung leitet[4]. (Walter-Rogg/Kunz/Gabriel 2005: 429) Aus diesen drei Elementen lässt sich ein vereinfachtes Modell der institutionellen Struktur der kommunalen Selbstverwaltung erstellen.

Die gewählte Vertretungskörperschaft (im Folgenden Rat) ist ein von den Bürgern gewähltes kollegiales Gremium. Es trifft Leitungsentscheidungen über die Angelegenheiten der Gemeinde. Die Beschlüsse sind demokratisch legitimiert und bindend für die vollziehende Verwaltung. Der Rat hat aus dieser Stellung heraus auch eine Kontrollfunktion gegenüber der Verwaltung. Diese wird durch das Budgetrecht und Informationsrechte gestützt. (Bogumil/Holtkamp 2006: 67) Obwohl der Rat ein von den Ländern abhängiges Verwaltungsorgan ist, kann ihm im Rahmen der kommunalen Selbstverwaltung eine parlamentsähnliche Stellung zugesprochen werden. (Bogumil/Holtkamp 2006: 68f)

Die Verwaltung ist ein Ausführungsorgan. Sie ist in verschiedene Fachbereiche gegliedert, die nebeneinander angeordnet, in sich jedoch hierarchisch gegliedert sind. Die Verwaltung unterstützt den Rat bei der Entscheidungsfindung und

---

[3]   Verwaltung bezeichnet im Folgenden den ausführenden Organisationsteil der kommunalen Selbstverwaltung oder dessen Tätigkeit. Verwaltung ist im Unterschied zu kommunaler Selbstverwaltung also Verwaltung im engeren Sinn.

[4]   Eine Ausnahme bildet die hessische Magistratsverfassung. Dort wird die Verwaltung kollegial vom Magistrat unter Leitung des Bürgermeisters geleitet. (Knemeyer 1999: 116)

führt die Entscheidungen aus. (Bogumil/Holtkamp 2006: 69) An der Spitze der Verwaltung steht der Verwaltungschef.

Der Verwaltungschef wird als einziger Teil der Verwaltung von den Bürgern gewählt. Er leitet und kontrolliert die Hierarchie der Verwaltung, den Verwaltungsapparat. (Bogumil/Holtkamp 2006: 68)

Die Elemente und ihre Beziehungen sind schematisch in Abb. 1 dargestellt.

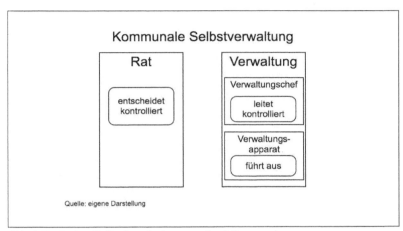

Abb. 1: Institutionelle Struktur der kommunalen Selbstverwaltung

In dieser Darstellung wird noch einmal die Zweiteilung der Kommunalverwaltung besonders deutlich. Der Rat scheint eher legislative Aufgaben wahrzunehmen, während die Verwaltung als exekutives Organ dargestellt ist. Es darf aber nicht übersehen werden, dass sowohl Rat als auch Verwaltung institutionell der Exekutive zuzuordnen sind. Der Rat erlässt keine Gesetze.

Noch aus einem anderen Grund ist die in Entscheidung und Ausführung geteilte Darstellung problematisch. In der politikwissenschaftlichen Forschung gibt es Zweifel, dass dieses schematische Verhältnis empirisch zutreffend ist. Im Rahmen der Policy-Forschung wurde das rein instrumentelle Verständnis der Verwaltung aufgegeben. Die Verwaltung führt politische Entscheidungen nicht nur aus, sondern ist selbst Akteur im Entscheidungsprozess. Mit dieser Position rückte die Verwaltung in den Fokus der Politikwissenschaft. (vgl. Scharpf 1973: 15)

Die Verwaltung ist einerseits auch ohne formale Entscheidungskompetenz an der Entscheidungsfindung beteiligt. In der Entscheidungsvorbereitung können bereits Probleme, Ziele oder Handlungsalternativen selektiert werden, ehe sie den Rat erreichen. Andererseits kann die Verwaltung im Zuge der Umsetzung die

Entscheidungen des Rates weiter präzisieren, auslegen oder verändern. (Scharpf 1973: 16) Die formale Struktur wird also von den Wechselwirkungen zwischen den Akteuren und ihren Einflussmöglichkeiten überlagert.

Wenn nun aber im kommunalpolitischen Kontext Rat und Verwaltung als zwei sich ergänzende Teile der kommunalen Selbstverwaltung in Wechselwirkung stehen, dann ergibt sich die Frage, wie die beiden Teile koordiniert werden können. Denn nur dem Rat steht formal das Entscheidungsrecht zu. Und nur Entscheidungen des Rates, dem einzigen gewählten Gremium, können als demokratisch legitimiert angesehen werden. Aus dieser Skizze des politischen Systems ist die Steuerungsproblematik ersichtlich, ein Urthema Verwaltungs- und Politikwissenschaftlicher Forschung. (Kegelmann 2007: 19)

2.3   Steuerungsbegriff in der Politikwissenschaft

Steuerung wird im Alltagsverständnis mit technischen Systemen in Verbindung gebracht, die z. B. über ein Steuerrad oder einen Steuerknüppel verfügen. Diese ermöglichen es einer Person, die Maschine mit geringem Aufwand und von einem zentralen Platz aus in die gewünschte Richtung zu lenken.

Dieses Bild kann auch auf den politischen Bereich übertragen werden. Eine solche Vorstellung findet sich z. B. in staats- und gesellschaftstheoretischen Steuerungskonzepten, die zwischen Staat und Gesellschaft unterscheiden und in denen der Staat, am Gemeinwohl orientiert, das gesellschaftliche Umfeld beeinflusst. (vgl. Görlitz/Burth 1998: 116ff) Eine ähnliche Vorstellung findet sich in systemtheoretischen Ansätzen, die davon ausgehen, dass ein politisches Subsystem durch geeignete Policies die Gesellschaft steuern kann. (vgl. Görlitz/Burth 1998: 141ff) Die wesentlichen Bestandteile eines solchen Steuerungsverständnisses sind nach Renate Mayntz ein Steuerungssubjekt (z. B. der Staat) und ein durch dieses gesteuertes Steuerungsobjekt (z. B. die Gesellschaft und ihre Zustände). Das Steuerungssubjekt hat dabei eine bestimmte Intention, den Zustand des Steuerungsobjekts zu verändern. Die Zustandsänderung wird durch Maßnahmen (z. B. Policies) erreicht, denen eine Wirkungsbeziehung auf die gewünschten Ergebnisse hin unterstellt wird. (Mayntz 1987: 93f) Zentral für Steuerung in diesem Sinn ist die gezielte Zustandsänderung in einem hierarchischen Verhältnis durch kausale Mechanismen. (s. Abb. 2)

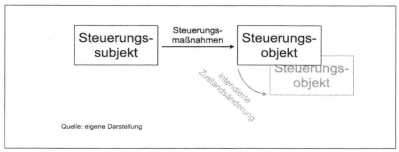

Quelle: eigene Darstellung

Abb. 2: Steuerungskonzeption, allgemein

Auch das Steuerungsproblem auf kommunaler Ebene kann in dieser Steuerungskonzeption dargestellt werden. Der Rat ist dann das Steuerungssubjekt, das entsprechend der politischen Zielsetzungen steuern will. Der duale Organisationscharakter der kommunalen Selbstverwaltung mündet dann in die Grundfrage der Steuerung: „Wie kann das politisch-administrative System (PAS) der Kommunen so organisiert werden, dass es sowohl demokratietheoretischen Legitimationserfordernissen als auch betriebswirtschaftlichen Effizienz- und Effektivitätsinteressen Rechnung trägt?" (Kegelmann 2007: 20)

Genau auf diese Gestaltungsfrage gibt das NSM eine Antwort. Das NSM kann als ein Verbund von Gestaltungsvorschlägen für Steuerungsmaßnahmen angesehen werden, der die Steuerung entsprechend der politischen Zielsetzungen des Rates sowie der Effizienzforderungen ermöglichen soll.

In dieser Perspektive ist nicht ausgeschlossen, dass es Rückwirkungen von der Verwaltung auf den Rat gibt. (Görlitz/Burth 1998: 9) Die Maßnahmen des NSM beeinflussen sogar selbst gezielt den Rat. In diesem Sinn kann als Steuerungsobjekt die kommunale Selbstverwaltung insgesamt angesehen werden. Rat als Steuerungssubjekt wie auch die Verwaltung im engeren Sinn sind dann Teile des Steuerungsobjektes kommunale Selbstverwaltung. (s. Abb. 3) Wesentlich ist aber, dass ein Entscheidungsanspruch nur von Seiten des Rates einer demokratischen Legitimationsforderung gerecht werden kann. Zwar müssen die Anforderungen des Rates mit den Möglichkeiten der Verwaltung abgestimmt werden, es findet aber keine Koordination auf gleicher Ebene statt. Formal bleibt der Rat durch Weisungs- und Kontrollrecht übergeordnet; er ist in der kommunalen Selbstverwaltung eine ausdifferenzierte Steuerungsinstanz. (vgl. Mayntz 1987: 95)

13

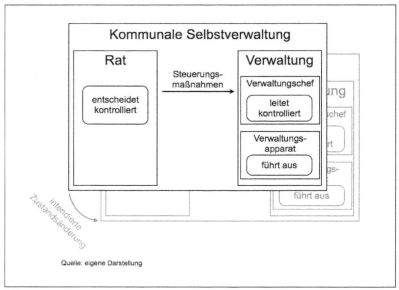

Quelle: eigene Darstellung

Abb. 3: Steuerungskonzeption, kommunale Selbstverwaltung

Nicht zwingend folgt in dieser Konzeption aus einem Steuerungsversuch der Steuerungserfolg. (Mayntz 1987: 94) Der Erfolg ist nämlich nicht von der Steuerungsaktivität abhängig, sondern von den Wirkungsbeziehungen der Steuerungsmaßnahmen, in diesem Fall also von den Wirkungsmechanismen des NSM. Genau das ist ja die Fragestellung der Arbeit.

Im wissenschaftlichen Verständnis haben sich allerdings verschiedene Perspektiven auf das Problem der politischen Steuerung entwickelt. Nicht alle beantworten die Frage nach der Fähigkeit der Politik, gesellschaftliche Abläufe zu beeinflussen, bzw. die Frage nach der Möglichkeit, ob gesellschaftliche Abläufe veränderbar sind, positiv. Steuerungsskeptisch zeigen sich die systemtheoretischen Ansätze, die anstatt der hierarchischen Steuerung in komplexen Systemen nur die Möglichkeit der dezentralen Selbststeuerung sehen. (Görlitz/Burth 1998: 196)

Das NSM bezieht sich als Bündel von Steuerungsmaßnahmen jedoch auf das hierarchische Verhältnis der zwei Organisationsteile Rat und Verwaltung und auf das daraus entstehende Steuerungsproblem. In diesem Sinn ist das NSM keine Frage der politischen Steuerung im klassischen Sinn, sondern der Steuerung von Organisationen. Es geht nicht um die Einflussnahme auf die Gesellschaft mit dem Ziel der Effektivität und Legitimität, sondern um die Steuerung des Verhaltens einer Organisation mit dem Ziel der Effizienz. (Bogumil 2001: 35)

Die Untersuchung des NSM als einer Maßnahme der Steuerung mit einer unterstellten Wirkungsbeziehung muss aber zunächst die Steuerungsfähigkeit voraussetzen. (vgl. Görlitz/Burth 1998: 10) Genau dieser Steuerungsbegriff liegt auch dem NSM selbst zugrunde. (Kegelmann 2007: 148) In dieser Arbeit wird deshalb ebenfalls davon ausgegangen, dass kommunale Verwaltungen unter Führung eines Bürgermeisters Entscheidungen umsetzen, die auf politischer Ebene von demokratisch gewählten Gremien getroffen werden. Es wird also die Möglichkeit einer aktiven Steuerung der Verwaltung durch den Rat vorausgesetzt. Diese unterliegt allerdings zahlreichen Problemen.

2.4 Diagnose von Steuerungsmängeln durch die KGSt

Die kommunale Selbstverwaltung unterlag nach der Diagnose der KGSt zu Beginn der 1990er Jahre einer Reihe von Steuerungsmängeln. Das Spektrum reichte von unzureichender mittelfristiger Ausrichtung der Planung und Defiziten im Management bis zu Unattraktivität der Kommunalverwaltung als Arbeitgeber und Infragestellung der Legitimität der Verwaltung durch die Bürger. (KGSt 1993: 9ff) Auf die Effizienz wirkten sich die Mängel im Management unmittelbar aus. Da oftmals weder klare Leistungsaufträge noch davon abhängige Ressourcenrahmen festgelegt wurden, war höherer Ressourceneinsatz die übliche Antwort auf neue Herausforderungen. Die Problemlösungsstrategie war also Größenwachstum. (KGSt 1993: 10)

Die angespannte Haushaltslage vieler Kommunen versperrte aus Sicht der KGSt jedoch zunehmend den Weg des Größenwachstums. Andererseits sind Leistungskürzungen in vielen Bereichen nicht möglich oder mit sehr hohen politischen Kosten verbunden. Der Ausweg konnte also nur darin bestehen, die Art der Leistungserstellung und deren Steuerung zu verändern. (KGSt 1993: 7) Leitfaden für solche Veränderungen ist das Neue Steuerungsmodell.

3 Das Neue Steuerungsmodell der KGSt

3.1 Anfänge und Absicht

Die Überlegungen zum NSM begannen in Deutschland zu Beginn der 1990er Jahre. Nach einem Blick auf die Anfänge und die grundlegende mit dem NSM verfolgte Absicht werden in diesem Kapitel fünf zentrale Elemente des NSM erläutert.

Die Entwicklung der Reformpläne erfolgte federführend durch die Kommunale Gemeinschaftsstelle für Verwaltungsmanagement.[5] Die KGSt wird von Gemeinden und Gemeindeverbänden getragen und unterstützt diese laut Satzung beim kommunalen Management. Zielsetzung ist einerseits die Zusammenarbeit von Fachleuten aus Praxis und Wissenschaft zur Entwicklung von Lösungen für wirtschaftliche und effektive kommunale Verwaltungen; andererseits soll der Erfahrungsaustausch ermöglicht werden. (KGSt 2008: §1) Die KGSt führt also wissenschaftliche Erkenntnisse und kommunale Verwaltungspraxis umsetzungsorientiert zusammen. Sie ist kein Forschungszentrum, sondern ein „Entwicklungszentrum" (KGSt 2009) für das Management kommunaler Verwaltungen. Adressaten der Leistungen sind die Mitglieder der KGSt.

Auf der Suche nach Lösungen für die bereits skizzierten Probleme der kommunalen Verwaltungen hat sich die KGSt insbesondere von den Reformen in der niederländischen Stadt Tilburg inspirieren lassen. Dort wurden Reformen früh und sehr umfassend umgesetzt. Die KGSt hat die Tilburger Reformen zunächst eingehend studiert und dokumentiert (s. KGSt 1992). Weitere Ideen lieferten Erfahrungen mit NPM in anderen europäischen Ländern (s. Banner/Reichard 1993). Mit Anpassungen auf die deutsche Situation entstand daraus das Neue Steuerungsmodell. 1993 wurde das NSM den Gemeinden erstmalig in einem Bericht vorgestellt (s. KGSt 1993).

Der Hauptgedanke, den die KGSt verfolgt, ist der Umbau der Verwaltungen von Behörden zu Dienstleistungsunternehmen. Das Leitbild „Dienstleistungsunternehmen Kommunalverwaltung" (KGSt 1993: 3) steht für Nachfrage- und Kundenorientierung, Denken in Produktzyklen, Wettbewerbsfähigkeit sowie Leistungs- und Mitarbeiterorientierung. (KGSt 1993: 13f) Das sind klassische Prinzipien, an denen sich Unternehmen in der Dienstleistungsbranche orientieren. Nachfrage- und Kundenorientierung sowie das Denken in Produktzyklen sind Ausdruck der Idee des Marketings, alle Unternehmensbereiche konsequent auf den Markt auszurichten. Der Markt und die Nachfrage, also die Kunden bzw.

---

[5]   Zu dieser Zeit noch unter dem Namen Kommunale Gemeinschaftsstelle für Verwaltungsvereinfachung.

die Abnehmer kommunaler Leistungen, geben vor, was das Unternehmen bzw. die Kommune wie anbietet. Wettbewerbsfähigkeit sowie die Leistungs- und Mitarbeiterorientierung sind Reaktionen auf die Tatsache, dass sich private Unternehmen am Markt behaupten müssen, um ihr Überleben zu sichern. (vgl. Meffert 2005: 8f)

Die Umsetzung eines solchen Leitbildes erfordert erhebliche Anstrengungen der betroffenen Organisation. Erste Anfänge sah die KGSt im Jahre 1993 bereits gemacht. Sie bescheinigt den Verwaltungen im Umgang mit den Bürgern mehr Verständlichkeit und eine Abkehr von der behördlichen Anordnung zugunsten einer Diskussionskultur und Beratung. (KGSt 1993: 13) Der Zweck des Leitbildes vom Dienstleistungsunternehmen ist aber nicht nur die Kundenfreundlichkeit. Es ist im Wesentlichen die Leistungssteigerung. Nur die Leistungssteigerung der Kommunalverwaltungen kann die Handlungsfähigkeit steigern und gleichzeitig die finanziellen Probleme mildern. Kundenfreundlichkeit allein löst das Problem ebenso wenig wie reines Größenwachstum der Verwaltung. Das macht aus Sicht der KGSt tiefgreifende Änderungen in der Organisationsstruktur, eine Verhaltensänderung (KGSt 1993: 7) und schließlich eine andere Verwaltungskultur (KGSt 1993: 15) erforderlich. Das NSM soll Mittel sein, um genau diesen Zweck zu erreichen. Es spielt als Reform der Binnenstruktur der Verwaltungen die entscheidende Rolle auf dem Weg zum neuen Leitbild.

Das NSM selbst besteht aus verschiedenen Elementen. Schon im ersten Bericht zum NSM von 1993 sind alle wesentlichen Elemente enthalten. Deutlich werden auch die Zusammenhänge zwischen ihnen. Die KGSt sieht diesen Bericht als modellhafte Skizze der Elemente und ihres Zusammenhangs an. (KGSt 1993: 15). Die Bezeichnung „Modell" meint in diesem Fall ein Vorbild für die Gestaltung eines empirischen Sachverhaltes. (vgl. Lüders/Streitferdt 2007: 124) Dem Charakter einer Skizze entsprechend sind die Beschreibungen des Berichts teilweise sehr kurz. Diese Darstellung ist dem heterogenen Adressatenkreis geschuldet. Das NSM soll ja für unterschiedlichste Gemeinden anwendbar sein. Es ist also jeweils noch eine maßgeschneiderte Anpassung auf die örtlichen Verhältnisse erforderlich. Deshalb werden viele Elemente in nachfolgenden Berichten präzisiert. (s. z. B. KGSt 1994a zu Produktbeschreibung, 1994b zu Verwaltungscontrolling, 1996a zu Wettbewerb, 1996b zu Verhältnis Politik und Verwaltung, 1996c zu Zentrale Steuerungsunterstützung, 1998 zu Kontraktmanagement)

Die Berichte geben dennoch ein vollständiges Bild des NSM. Auch auf der von der konkreten Umsetzung in Gemeinden abstrahierten Ebene kann das NSM beschrieben und in seiner Funktion analysiert werden. Im Folgenden konzentriere ich mich auf das abstrakte Grundmodell des NSM, wie es von der KGSt den Gemeinden zur Verfügung gestellt wurde.

3.2 Das Kernmodell des NSM

Grundlegend besteht das NSM in der Darstellung der KGSt aus dem „Aufbau einer unternehmensähnlichen dezentralen Führungs- und Organisationsstruktur" (KGSt 1993: 3) und der „Aktivierung dieser Struktur durch Wettbewerb". (KGSt 1993: 15) Die Führungs- und Organisationsstruktur selbst besteht aus verschiedenen Elementen, die entweder die Aufbauorganisation betreffen oder die instrumentelle Voraussetzungen für die Prozessorganisation innerhalb der Struktur sind. Wettbewerb ist kein organisationsinternes Element, sondern ein Kontext, dem die neu strukturierte Verwaltung ausgesetzt werden muss. Dementsprechend teilt die KGSt die Elemente des NSM in organisatorische, instrumentelle und kontextuelle Voraussetzungen ein. (KGSt 1993: 20) Organisatorische Voraussetzungen sind Verantwortungsabgrenzung, ein zentraler Steuerungsbereich und Kontraktmanagement. Instrumentelle Voraussetzung ist die Outputsteuerung über Produkte. Wettbewerb ist die kontextuelle Voraussetzung.

3.2.1 Verantwortungsabgrenzung

Die aufbauorganisatorischen Voraussetzungen fordern eine klare Verantwortungsabgrenzung. (KGSt 1993: 16) Diese ist in zweierlei Hinsicht relevant.

Zum einen bezieht sie sich auf das Verhältnis zwischen Rat und Verwaltung. Die KGSt argumentiert, dass der Rat aufgrund der vielfältigen und komplexen Aufgaben nicht dazu in der Lage ist, die Gemeinde direkt und alleine zu verwalten. Eben darum erfolgt die Tätigkeit Verwaltung gemeinsam mit der Organisation Verwaltung. Die nicht delegierbare Hauptaufgabe des Rates ist die Beschlussfassung über kommunalpolitische Zielsetzungen. Um Zeit für diese Aufgaben zu haben, wird er durch die Verwaltung von den rein administrativen Aufgaben entlastet. Die erfolgreiche Aufgabenerfüllung durch den Rat und die Verwaltung ist also abhängig von einer strikten Trennung der Verantwortung. (KGSt 1993: 16) Der Rat sollte sich auf die Festlegung der Rahmenbedingungen des Verwaltungshandelns, die Zielsetzung für die Leistungserstellung, die Budgetzuteilung und die Kontrolle der Leistungserstellung durch die Verwaltung beschränken. Die Verwaltung sollte für die Leistungserstellung und die darüber erforderliche Berichterstattung an den Rat verantwortlich sein. (KGSt 1993: 16) Später fügt die KGSt als Aufgabe der Verwaltung ergänzend die Unterstützung des Rates bei der Beschlusserstellung hinzu. (KGSt 1996b: 17) Anschaulich macht die KGSt dieses Verhältnis durch die zwei Fragen nach dem „Was?" und dem „Wie?" der Leistungserstellung. (KGSt 1993: 17)

Rat: Was?	Verwaltung: Wie?
Festlegung der Rahmenbedingungen	
Zielsetzung für die Leistungserstellung	Unterstützung des Rates bei der Zielsetzung
Budgetzuteilung	Leistungserstellung
Kontrolle der Leistungserstellung	Berichterstattung

Tab. 1: Verantwortungsbereiche von Rat und Verwaltung

Zum anderen soll das Prinzip der Verantwortungsabgrenzung nicht nur im Verhältnis der Verwaltung zum Rat, sondern auch innerhalb der Verwaltung gelten. Das NSM fordert hier eine dezentrale Gesamtverantwortung (KGSt 1993: 17). Gesamtverantwortung meint die Bündelung der Verantwortung für die Leistungserstellung und für die Budgetbewirtschaftung an einer Stelle. Dezentral ist die Verantwortung, weil sie bei einzelnen Fachbereichen und nicht zentral bei der Verwaltungsspitze liegt. Der Leitung der Fachbereiche werden also Managementaufgaben übertragen. Dazu zählen z. B. Entscheidungen über Organisation, Personaleinsatz, Automatisierung, Ressourcenplanung und deren Bewirtschaftung. (KGSt 1993: 18)

Selbst innerhalb der Fachbereiche soll das Prinzip der Verantwortungsabgrenzung gelten. Die Verantwortung soll möglichst weit unten in der Hierarchie angesiedelt werden. Die KGSt begründet dies damit, dass persönliche Ergebnisverantwortung sich positiv auf das Führungs- und Kreativpotential der Mitarbeiter auswirkt. (KGSt 1993: 18)

Die geforderte Verantwortungsabgrenzung verstärkt also die formale Struktur, wie sie in der Skizze der kommunalen Selbstverantwortung deutlich wurde. Die KGSt verspricht sich davon, dass die jeweiligen Aufgaben konzentrierter und deshalb besser erfüllt werden können.

Eine solche Organisationsstruktur wirft zwei Fragen auf. Erstens die Frage, ob bei dezentraler Verantwortung eine einheitliche Steuerung der Verwaltung als Ganzer noch möglich ist. Zweitens die Frage, ob die dezentrale Verantwortung der Fachbereiche nicht den legitimierten Steuerungsanspruch des Rates untergräbt.

3.2.2 Zentraler Steuerungsbereich

Die einheitliche Kommunalverwaltung soll durch einen zentralen Steuerungsbereich gewährleistet werden. Dieser Bereich soll die nicht dezentralisierbaren Steuerungsaufgaben wahrnehmen. Zu diesen Aufgaben zählt die KGSt die Bereitstellung von Informationen für den Rat und die Verwaltungsführung, die Koordination der Planungen in den Fachbereichen, die Entwicklung zentraler Leitlinien für Personal, Organisation, Finanzen und Automation, Planung und Aufsicht über den Gesamthaushalt, Berichterstattung über die Leistungen der Fachbereiche, Verantwortung für zentrale Datenbanken und informationstechnische Infrastruktur, Verbesserung des Steuerungsinstrumentariums und die Beteiligungsverwaltung. (KGSt 1993: 19) Aufgaben wie Koordination, Leitlinienentwicklung oder Planung scheinen auf den ersten Blick im Widerspruch zu der dezentralen Gesamtverantwortung zu stehen. Es geht hier aber nicht um Einzelentscheidungen, sondern um die Schaffung eines Rahmens, in dem sich die Entscheidungen der Fachbereiche dann bewegen können. Der zentrale Steuerungsbereich soll nicht direkt Steuerungsaufgaben übernehmen.

Auch die Bündelung und Bereitstellung von Informationen hat keine Steuerungsfunktion, sondern ist eine Dienstleistung für den Rat und die Verwaltungsspitze. Die KGSt weist darauf hin, dass der Rat erst in einer durch Informationen geschaffenen Situation der Transparenz in die Lage versetzt wird, sich aus dem abgegrenzten Verantwortungsbereich der Verwaltung (also der Ausführung) herauszuhalten und die Verwaltung trotzdem zu steuern. (KGSt 1993: 20) Ein zentraler Steuerungsbereich soll also ein Verwaltungscontrolling bereitstellen, das der Führungsunterstützung dient. (KGSt 1994b: 14) Dieser Bereich steuert nicht selbst, sondern schafft Voraussetzungen für die dezentrale Steuerung.

Auf die Frage nach der einheitlichen Steuerung einer dezentralisierten Verwaltung gibt es an dieser Stelle von der KGSt keine abschließende Antwort. Es ist aber die Richtung der Lösung des Problems erkennbar. Die einheitliche Steuerung muss von der Verwaltungsspitze und auf politischer Ebene nach wie vor durch den Rat erfolgen. Mit dieser Richtung ist auch die Antwort auf die zweite Frage bereits angedeutet. Der politische Einfluss des Rates soll nicht verloren gehen. Was sich jedoch ändern soll, ist die Art der Steuerung. Einheitliche Steuerung und Einfluss des Rates werden gesichert, indem die Verwaltung über Kontraktmanagement an den Rat gebunden wird. (z. B. KGSt 1996b: 20)

3.2.3   Kontraktmanagement

Der erste Bericht der KGSt zum NSM von 1993 streift Kontraktmanagement nur ganz kurz. Kontrakt ist die Bezeichnung für eine Vereinbarung zwischen dem Rat und der Verwaltung über zu erbringende Leistungen und das dafür zur Verfügung stehende Budget. Auch innerhalb der Verwaltung, also zwischen Verwaltungsführung und Fachbereichen bzw. zwischen Fachbereichsleitungen und Mitarbeitern werden Vereinbarungen gleicher Struktur als Kontrakte bezeichnet. (KGSt 1993: 17)

Ein weiterer Bericht der KGSt widmet sich ausschließlich dem Kontraktmanagement (s. KGSt 1998). „Kontraktmanagement bedeutet über Zielvereinbarungen zu steuern." (KGSt 1998: 10) Hier wird die geänderte Art der Steuerung präzisiert. Die Steuerung der Verwaltung durch den Rat soll von einer Steuerung durch Einzelanweisungen bei Bedarf auf die Steuerung durch Zielvereinbarungen im Vorfeld umgestellt werden. Die Steuerungsleistung des Rates wird also gebündelt und zeitlich vor die Leistungserstellung gelegt. Auf diese Weise sollen steuernde Eingriffe während der Leistungserstellung reduziert werden. Nur zu festgelegten Zeitpunkten findet eine Kontrolle der Zielerreichung statt. Die KGSt bezeichnet dies als „Steuerung auf Abstand" (KGSt 1998: 10). Dementsprechend müssen alle steuerungsrelevanten Informationen soweit in den Kontrakten festgehalten werden, dass der Auftrag danach selbständig erfüllt werden kann. Dem Steuerungsanspruch des Rates entsprechend sind das die vom Rat verfolgten Ziele, die sich aus der politischen Willensbildung ergeben. Ein wesentliches Element des Kontraktmanagements ist daher die Zielformulierung. Es geht um die sorgfältige Beschreibung der Ziele als Handlungsorientierung, ohne jedoch den Weg zum Ziel bereits im Einzelnen vorzugeben. (KGSt 1998: 12)

Kontrakte für die Steuerung müssen deshalb in drei Bereichen bestimmte Inhalte haben (KGSt 1998: 10):

- Informationen über die zu erstellende Leistung,
- Informationen über das dafür zur Verfügung stehende Budget,
- Vereinbarungen über die Berichterstattung an den Rat.

Erstens ist die zu erstellende Leistung nach Art, Quantität und Qualität zu spezifizieren. Diese Leistungen nennt die KGSt auch Produkte. (KGSt 1993: 21) Es handelt sich dabei nicht um eine Beschreibung von Einzelaktivitäten, sondern um Leistungspakete, die an Zielen und Bedürfnissen ausgerichtet sind.

Am Anfang steht eine Beschreibung der Leistung um festzulegen, was der Rat überhaupt anstrebt. Dabei handelt es sich in den meisten Fällen um klassische Leistungen, die von Kommunalverwaltungen erbracht werden (z. B. Erstellung von Reisedokumenten, Straßenreinigung, Museumsbetrieb...).

Die Quantität der Leistung beruht oft auf Schätzungen anhand einer Basisgröße. Viele Leistungen hängen z. B. von der Anzahl der Einwohner ab.

Am schwierigsten gestaltet sich die Spezifizierung der Qualität einer Leistung. Das erfordert eine genaue Klärung und Beschreibung der Erwartungen an die Leistung. Auch diese Festlegungen sind Ausdruck des politischen Willens und können daher der Verwaltung weder bekannt sein, noch können sie durch Verwaltungsentscheidungen ersetzt werden (z. B. die Wartezeit im Bürgeramt, Häufigkeit der Straßenreinigung oder die Öffnungszeiten der Museen).

Zweitens ist das für die Leistung zur Verfügung stehende Budget festzulegen. Dabei müssen die politische Ausgabebereitschaft und die Ausgabeschätzung der Verwaltung in Einklang gebracht werden.

Drittens müssen sich Rat und Verwaltung über Inhalt und Termin der regelmäßigen Berichterstattung und des Abschlussberichtes einigen. Zusätzlich sollten Kriterien vereinbart werden, die eine außerordentliche Berichterstattung erforderlich machen. Erst die Berichterstattung macht die Kontrolle der Verwaltung durch den Rat möglich.

Neben diesen unverzichtbaren Bestandteilen enthalten Kontrakte oft noch allgemeine Rahmenvereinbarungen, Öffnungsklauseln oder Konfliktregelungen. Diese müssen aber nicht mit jedem Kontrakt neu verhandelt werden, sondern sie drücken die allgemeinen Modalitäten des Kontraktmanagements der jeweiligen Gemeinde aus. (s. Beispielkontrakt in KGSt 1998: 20)

Steuerung über Zielvereinbarungen bedeutet aber auch, dass die Inhalte der Kontrakte tatsächlich eine Vereinbarung und keine Vorgabe sind. Vereinbarung bedeutet, dass beide Kontraktpartner sich einbringen können und müssen. Die Verwirklichung von Zielen, die durch den Rat ohne Abstimmung mit den Möglichkeiten der Verwaltung festgelegt wurden, ist unrealistisch. (KGSt 1998: 13) Dass Kontrakte als Vereinbarungen gestaltet werden sollen, ist dabei eine Anforderung an die Art und Weise, wie Kontrakte zustande kommen sollen. Das ändert nichts daran, dass Kontrakte, wenn sie einmal vom Rat beschlossen wurden, für die Verwaltung den Status von Weisungen haben. Diese Tatsache macht auch klar, warum das Primat der Politik durch die Einbeziehung in die Kontraktgestaltung nicht untergraben wird. (KGSt 1998: 13) Kontraktmanagement ist also eine Antwort auf die zweite, aus der Aufbauorganisation hervorgegangene Frage nach dem Steuerungsanspruch des Rates.

Indem Kontraktmanagement dem Rat die Möglichkeit gibt, die Verwaltung durch vorgelagerte Zielvereinbarungen und nachgelagerte Kontrolle zu steuern, bleibt nach der Idee der KGSt die einheitliche Steuerung durch den Rat möglich. Kontraktmanagement stellt die Verbindung zwischen den durch Verantwortungsabgrenzung getrennten Bereichen wieder her. Diese Steuerung über Zielvereinbarungen soll durchgehendes Steuerungsprinzip im NSM sein. (KGSt 1998: 3)

3.2.4 Outputsteuerung

Die Steuerung der Verwaltung durch den Rat soll im NSM nicht nur zeitlich vorverlagert werden, sondern auch inhaltlich anders ausgerichtet werden. Dazu muss die instrumentelle Voraussetzung der Outputsteuerung über Produkte erfüllt werden. Der zentrale Gedanke ist, dass die Steuerung sich nicht auf die Inputseite beschränken kann. Die Inputs, also das zur Verfügung stehende Budget, müssen stets mit den Outputs, also mit den Leistungen, verbunden werden. (KGSt 1993: 20) Die Basis dafür bilden die bereits erläuterten Produkte. Die Wichtigkeit der Leistungsbeschreibung wurde im Kontraktmanagement bereits deutlich. Outputsteuerung bedeutet darüber hinaus, dass die Produktbeschreibungen Eingang in das gesamte Verwaltungshandeln erlangen. Dazu ist es erforderlich, eine Haushaltsplanung auf Produktbasis zu erstellen, eine produktorientierte Kostenrechnung einzuführen und auch das Berichtswesen an Produkten auszurichten. Erst diese Orientierung schafft Transparenz und verhindert, dass die Verwaltung ihre Leistungen selbst definiert. (KGSt 1993: 20) Der Rat bekommt die Möglichkeit, über das „Was" zu entscheiden.

Outputsteuerung schlägt sich demzufolge vor allem in den Instrumenten nieder, über die das Verwaltungshandeln koordiniert wird. Es werden an jeder Stelle Inputs mit Outputs verknüpft. Für jedes Produkt werden die Bestandteile der Messgröße für Effizienz miteinander verknüpft.

3.2.5 Aktivierung durch Wettbewerb

Das Thema Wettbewerb wird im ersten Bericht der KGSt nur sehr kurz behandelt. Die KGSt beschränkt sich auf den Hinweis, dass die neue Struktur der Kommunalverwaltung durch Wettbewerb „unter Strom gesetzt werden" muss. (KGSt 1993: 22) Da es für kommunale Leistungen ursprünglich keinen Markt gab, konnte es auch keinen Wettbewerb geben. Die KGSt setzte daher auf den Einsatz von Wettbewerbssurrogaten. Als solche werden interkommunaler Leistungsvergleich und Vergleich mit privaten Preisen bzw. Tarif- und Honorarordnungen genannt. (KGSt 1993: 22f)

Wettbewerb wird von der KGSt später aber weiter gefasst. „Wettbewerbssituationen liegen immer dann vor, wenn die eigene Leistung im **Vergleich** zu den Leistungen anderer, ggf. aber auch eigene Leistungen im Zeitverlauf betrachtet werden." (KGSt 1996a: 7, Hervorhebung im Original) Von Wettbewerb kann aber auch ausgegangen werden, wenn Rückkopplungsmechanismen wie Kunden- und Bürgerfeedback eine „funktionale Alternative" (KGSt 1996a: 5, FN3) darstellen.

Entscheidend ist, dass Wettbewerb in diesem Zusammenhang nicht auf marktwirtschaftlichen Wettbewerb reduziert ist, sondern zahlreiche Formen einschließt, die die Leistung der Kommunalverwaltung einem Vergleich aussetzen.

Wettbewerbsarten im Sinn der KGSt sind also (nach KGSt 1996a: 8):

- Vergleich mit externen Anbietern als Markttest oder echter Wettbewerb,
- interkommunale Leistungsvergleiche unterschiedlicher Kommunen,
- intrakommunale Leistungsvergleiche ähnlicher Organisationseinheiten großer Kommunen,
- zeit- und zielbezogene Vergleiche, z. B. über Bürgerfeedback.

Dabei ist zu beachten, dass nicht jede Form von Wettbewerb für jedes Produkt möglich ist. Die Art des Produktes entscheidet über die Form des Wettbewerbes. Während z. B. der interkommunale Leistungsvergleich bei allen kommunalen Produkten möglich ist, kann echter Wettbewerb nur für Produkte eingesetzt werden, die keine Hoheitsrechte berühren und für die daher auch ein privater Markt bestehen kann. (KGSt 1993: 22f)

Der Wettbewerb ist nach der KGSt ein geeignetes Mittel, um auch kommunale Leistungen wirtschaftlich zu erbringen. Es geht hier explizit darum, den Leistungsstandard bei knapperen Ressourcen aufrecht zu erhalten oder zu verbessern. Wettbewerb gibt den Produkt- und Budgetverantwortlichen Vergleichsmöglichkeiten. Insbesondere beim interkommunalen Leistungsvergleich geht es aber nicht nur darum, die Leistungserstellung z. B. über Kennzahlen zu vergleichen. Es geht vielmehr um die Kommunikation mit den Vergleichspartnern. Erst im Erfahrungsaustausch kann man gemeinsam aus Fehlern lernen und Verbesserungsstrategien entwickeln. (KGSt 2000: 28) Anbieter werden laut KGSt dazu gezwungen, Leistungen ständig zu optimieren. (KGSt 1996a: 11) Mit Wettbewerb wird jedoch nicht einfach nur Kostensenkung verfolgt, sondern Kostensenkung soll durch die Hebung von Effizienzpotentialen erreicht werden. Dazu gehören die Aufdeckung der Relation von Kosten und Ergebnis und die folgende Entwicklung von Optimierungsideen. (KGSt 1996a: 8) Wettbewerb in diesem Sinn ist also auf die Kopplung von Leistung und Kosten über Produkte angewiesen. Erst der Vergleich beider Größen kann zu Effizienzsteigerungen führen. (KGSt 1996a: 18)

Echter Wettbewerb kann darüber hinaus eine zweite Handlungsoption eröffnen. Wenn die Verwaltung auf Dauer keine Wege zur wirtschaftlicheren Erstellung der Leistung erkunden kann, steht als zweite Option die Erstellung der Leistung durch externe Anbieter zur Verfügung. (KGSt 1996a: 8)

In diesem Sinn soll Wettbewerb ein Instrument sein, das planvoll eingesetzt werden kann, um kommunale Leistungen dauerhaft effizienter zu erbringen. Der genaue Wirkungszusammenhang bleibt jedoch unklar. Die KGSt äußert sich sogar selbst kritisch zur Wirksamkeit von Leistungsvergleichen. Eine Anpassung der eigenen Leistungsfähigkeit kann durch Wettbewerb nicht unmittelbar erreicht werden. (KGSt 2000: 29)

3.2.6 Das NSM als Bedingungszusammenhang

Das NSM ist, darauf weist die KGSt ausdrücklich hin, ein Bedingungszusammenhang verschiedener Elemente. (z. B. KGSt 1993: 15, KGSt 1996a: 10, KGSt 1996a: 25) Das bedeutet, dass es nicht sinnvoll ist, die einzelnen Elemente des NSM isoliert voneinander einzuführen. Sie sind aufeinander angewiesen. Erst die Erfüllung aller organisatorischen, instrumentellen und kontextuellen Voraussetzungen stellt den Bedingungszusammenhang her und ermöglicht das Funktionieren des NSM. In der Darstellung der KGSt wurde das an einigen Stellen angedeutet. So ist z. B. das Element der Verantwortungsabgrenzung auf das Instrument des Kontraktmanagements angewiesen, um die getrennten Bereiche wieder zu verbinden. Kontraktmanagement ist seinerseits auf Produktdefinitionen als Grundlage angewiesen. Diese sind gleichzeitig Voraussetzung für Kosten-Leistungs-Vergleiche im Wettbewerb. Wettbewerb kann jedoch nur einen Effekt haben, wenn dezentrale Ressourcenverantwortung die Möglichkeit zur Optimierung in der Leistungserstellung gibt. Die Konzentration auf optimierte Leistungserstellung ist wiederum auf die Abgrenzung der Verantwortungsbereiche angewiesen. Die KGSt deutet diese Zusammenhänge an, ohne sie jedoch genau zu begründen.

Das NSM erscheint als ein Bündel von miteinander verbundenen Reformmaßnahmen. Jedem Element kann auch eine Funktion zugeordnet werden. Vereinfacht gesagt soll Verantwortungsabgrenzung konzentriertere und dadurch bessere Aufgabenerfüllung ermöglichen. Kontraktmanagement soll die einheitliche Steuerung durch den Rat sicherstellen. Outputsteuerung soll durch die Produktorientierung in allen Instrumenten die Verbindung von Inputs und Outputs gewährleisten. Schließlich soll Wettbewerb Verbesserungspotentiale aufdecken.

Aber was genau berechtigt zu der Annahme, dass diese Maßnahmen unter anderem zu einer Effizienzsteigerung der Verwaltung führen? Welches Element spielt welche Rolle im NSM? Warum ist die KGSt selbst skeptisch gegenüber dem Effekt von Wettbewerb? Antworten auf diese Fragen sind in den Berichten der KGSt wie auch an dieser Stelle angedeutet. Einfache Hinweise auf Absichten, Wirkungen und Zusammenhänge bleiben jedoch unbefriedigend. Die Beurteilung der Reformmaßnahmen müsste sich auf eine Theorie stützen. Dadurch könnten die Zusammenhänge transparent gemacht und Wirkungshypothesen theoretisch fundiert werden. Eine solche Theorie wird in Kapitel 4 vorgestellt.

4   Ökonomische Bürokratietheorie

4.1   Neue Politische Ökonomie und Bürokratie

Der theoretische Rahmen dieser Arbeit ist die Neue Politische Ökonomie[6]. Die NPÖ wendet Methoden aus der Ökonomie auf Sachverhalte an, die Gegenstand der Politikwissenschaften sind. (Mueller 2008: 1) Im Folgenden werden die Grundlagen dieses Forschungsprogramms vorgestellt. Darauf aufbauend wird das Basismodell für die Untersuchung von Bürokratien von William A. Niskanen mit zentralen Erweiterungen erläutert. Das Kapitel schließt mit der Einführung der Transaktionskostentheorie als Ergänzung des theoretischen Rahmens.

Die NPÖ kann dem Rational Choice-Ansatz zugerechnet werden. (Kunz 2004: 13) Theorien in diesem Rahmen sind geprägt von gemeinsamen Annahmen. Nach Imre Lakatos sind Forschungsprogramme durch unverzichtbare Grundannahmen gekennzeichnet, für die man sich aus methodologischen Gründen entscheidet. Sie bilden den „harten Kern" (Lakatos 1982: 47f) des Forschungsprogramms. Zusätzlich können weitere Annahmen eingeführt werden, die es erlauben, das Forschungsprogramm weiter an die Wirklichkeit anzupassen. (Lakatos 1982: 49) Es gibt vier Kernannahmen des Rational Choice-Ansatzes. (Kunz 2004: 36)

Erstens das Prinzip des methodologischen Individualismus: Der methodologische Individualismus stellt individuelle Akteure in den Mittelpunkt der Analysen. Soziale Phänomene sind nach dieser Annahme immer Folge von Phänomenen auf der Ebene individueller Akteure. (Kunz 2004: 10) Die weiteren Annahmen beziehen sich daher auf die individuellen Akteure.

Die zweite Annahme besagt, dass die individuellen Akteure zielgerichtet, entsprechend ihren Präferenzen handeln. Durch diese Präferenzen werden sie zu ihren Handlungen motiviert. (Kunz 2004: 36)

Die dritte Annahme bezieht sich auf die Handlungsmöglichkeiten der Individuen. Es gibt Bedingungen, die die Handlungen der Individuen erleichtern oder beschränken können. (Kunz 2004: 36f)

Die vierte Annahme gibt das Prinzip an, nach dem die individuellen Akteure ihre Handlungen auswählen. Es besagt, dass Akteure die Handlung auswählen, die ihre Präferenzen unter den gegebenen Bedingungen am besten erfüllen. (Kunz 2004: 36)

---

[6]   NPÖ wird hier synonym mit Public Choice verwendet. (vgl. Erlei/Leschke/Sauerland 2007: 351)

Anders ausgedrückt besagt der harte Kern des Rational-Choice-Ansatzes, dass Individuen versuchen, ihren individuellen Nutzen zielgerichtet unter gegebenen Bedingungen zu maximieren.

Diesen Annahmen des harten Kerns können für den hier verfolgten Zweck weitere Annahmen hinzugefügt werden. Sie präzisieren die Möglichkeiten und Restriktionen der Akteure. So wird angenommen, dass die Akteure nicht über vollständiges Wissen über die jeweilige Situation verfügen. Zusätzliche Information ist mit Kosten für den Akteur verbunden. Das bedeutet aber auch, dass sich Wissen und Fähigkeiten der Akteure im Zeitablauf ändern können. (diese und andere Annahmen z. B. in Erlei/Leschke/Sauerland 2007: 52) Diese Annahmen bilden den Kern der Theorie. Sie werden in Tab. 2 zusammenfassend dargestellt.

	Annahmen
A1	Methodologischer Individualismus
A2	Akteure handeln zielgerichtet nach Präferenzen
A3	Handeln unterliegt Beschränkungen
A4	Handlungswahl nach dem Prinzip der Nutzenmaximierung
A5	Akteure verfügen nicht über vollständiges Wissen
A6	Zusätzliche Information ist möglich und mit Kosten verbunden

Tab. 2: Annahmen der Neuen Politischen Ökonomie, Auswahl

Als umfassendes akteurzentriertes Forschungsprogramm versucht die NPÖ, alle politischen Akteure zu berücksichtigen. Neben den Wählern und der Regierung werden auch Interessengruppen und die Bürokratie[7] untersucht.

Gordon Tullock (1965) richtet als einer der ersten den Blick speziell auf Bürokratien. Bürokratien sind für ihn hierarchisch strukturierte Organisationen, die unterhalb der Organe auf nationaler Ebene (im US-Kontext: Präsident, Kongress, Supreme Court) Entscheidungen fällen oder vorbereiten. (Tullock 1965: 5) Tullock geht es um die Organisationsweise und um die Beziehungen der einzelnen Individuen in diesen Hierarchien. In solchen Beziehungen sind die freien Entscheidungen der Untergebenen eingeschränkt. Einerseits wäre der Ausstieg aus

---

[7]   Eine Literaturübersicht speziell zur Bürokratie bieten z. B. Niskanen 2001 oder Wintrobe 1997.

28

der Beziehung durch den Verlust der Einkommensquelle mit hohen individuellen Kosten verbunden. Andererseits besteht die einzige Möglichkeit, eine bessere Position in der Hierarchie zu erreichen, in der Beförderung durch den Vorgesetzten. Untergebene Angestellte in Bürokratien müssen also dem Willen ihrer Vorgesetzten entsprechend handeln. (Tullock 1965: 12) Tullock folgert, dass Entscheidungen nicht primär getroffen werden, um die Ziele der Organisation zu verfolgen, sondern um die eigene Karriere zu fördern. (Tullock 1965: 20)

Tullock lenkt also den Blick der Bürokratieforschung zunächst auf einzelne Individuen. Methodologisch wendet Tullock das Bild eines Nutzenmaximierers auf bürokratische Kontexte an. Die von den Akteuren verfolgten Ziele entsprechen dann nicht unbedingt den kollektiv erwünschten Zielen. Damit ist ein Grundproblem von Bürokratien skizziert. Effizient könnte eine bürokratische Organisation nur dann sein, wenn die Ziele des einzelnen Akteurs mit den Organisationszielen übereinstimmen würden. Nur dann wäre sicher gestellt, dass keine Inputs in nicht gewünschte Outputs investiert werden.

4.2 Das Basismodell der Bürokratie von William A. Niskanen

4.2.1 Niskanens Definition von Bürokratie

William A. Niskanen (1971) legt als erster eine formale Theorie über das Verhalten von Bürokratien aus der Perspektive der Neuen Politischen Ökonomie vor.

Eine Bürokratie bzw. einfach ein Büro ist für Niskanen eine Organisation, die sich wesentlich von Unternehmen unterscheidet. Büros sind für ihn dadurch gekennzeichnet, dass sie ihre Einnahmen zum Teil aus Zuweisungen und nicht aus den Erlösen aus dem Verkauf von Leistungen erzielen. (Niskanen 2001: 260) Die Differenz zwischen Einnahmen und Kosten ist in Büros kein persönliches Einkommen der Eigentümer oder Angestellten. (Niskanen 1971: 15) Diese Organisationen erstellen für kollektive Akteure (z. B. Regierungen) Güter, die nicht in ausreichender Menge vom Markt bereitgestellt werden und auch nicht von gewinnorientierten Unternehmen produziert werden sollen. (Niskanen 1971: 20) Die Leiter dieser Einheiten mit eigenem Budget bezeichnet Niskanen als Bürokraten. (Niskanen 1971: 22) Die Bezeichnung Bürokrat ist also rein deskriptiv an der Funktion innerhalb der Organisation orientiert und enthält keine evaluative Konnotation.

Der Kontext von Niskanens Untersuchung sind Bürokratien, die in Abhängigkeit von repräsentativen Regierungen stehen. Es geht also um das Angebot öffentlicher Dienstleistungen durch bürokratisch organisierte Verwaltungen, die in Abhängigkeit von repräsentativen Regierungen für die Erstellung zuständig sind. Damit bildet Niskanens Theorie zumindest in der Grundstruktur die zu Beginn skizzierte Struktur der kommunalen Selbstverwaltung ab.

4.2.2 Niskanens Fragestellung

Niskanen nimmt Tullocks Kritik an Bürokratien auf. Im Zentrum steht jetzt aber die Frage, wie viel Output[8] zu welchen Kosten von Bürokratien unter bestimmten Nachfrage- und Kostenbedingungen produziert wird. (Niskanen 1971: 8) Niskanen fragt damit explizit nach der Effizienz von bürokratisch organisierten öffentlichen Verwaltungen. Seine Hauptthese ist, dass Effizienz nicht gegeben ist. Sie widerspricht der bis dahin vertretenen Ansicht, dass monopolistische Bürokratien die beste Organisationsform für die Bereitstellung öffentlicher Dienstleistungen seien. Niskanen sucht aber auch Wege, um diese Ineffizienz zu verringern und das Verhalten der Bürokratien dem öffentlichen Interesse anzunähern. „Can the responsiveness and efficiency of bureaus be significantly improved?" (Niskanen 1971: 4) Niskanen stellt also schon die Frage, auf die das NSM eine Antwort geben soll.

4.2.3 Annahmen der Theorie

Niskanen bezieht sich in seiner Theorie explizit auf den Theorierahmen der Neuen Politischen Ökonomie. Im Zentrum der Theorie stehen Akteure, die zielorientiert handeln. (A2) Sie können entsprechend ihren Präferenzen aus mehreren Handlungsmöglichkeiten auswählen. (A4) Die Handlungswahl wird beschränkt durch Restriktionen aus der Umwelt. (A3) (Niskanen 1971: 5)

Diese Annahmen über individuelle Akteure verbindet Niskanen mit dem Gegenstand Bürokratie. Als Akteure identifiziert er den Bürokraten und die Regierung. Zielorientiertes, an eigenen Präferenzen orientiertes Handeln führt dann dazu, dass der Bürokrat nicht zwangsläufig im öffentlichen Interesse bzw. im Interesse der Regierung agiert. Ziel dieses Modells ist es jedoch nicht, das Verhalten des Akteurs zu erklären, sondern dem methodologischen Individualismus (A1) entsprechend, Aussagen über die Folgen auf der Makroebene zu ermöglichen. (Niskanen 1971: 6) Niskanen versteht seine Theorie in diesem Sinne als positive Theorie, die primär Vorhersagen über den Gegenstand macht. Dabei möchte er die Annahmen möglichst einfach halten. Er verzichtet aus diesem Grund so weit auf realistischere Annahmen wie eine Ableitung von Hypothesen möglich bleibt. (Niskanen 1971: 15, FN1)

4.2.4 Schema der Beziehungen des Büros zu seiner Umwelt

Um das Angebot von Büros untersuchen zu können, stellt Niskanen zunächst schematisch das Verhältnis von Büros zu deren Umwelt dar. Damit wird die Situation beschrieben, in der die Akteure handeln.

---

[8] Output bezeichnet hier allgemein eine Leistung, die sich nach Aktivität, Quantität und Qualität spezifizieren lässt. (vgl. Niskanen 1971: 26).

Im Zentrum steht das Büro als organisatorische Einheit, die Leistungen produziert. Um diese Funktion wahrnehmen zu können, ist das Büro auf Produktionsfaktoren angewiesen. Dazu gehören im Wesentlichen Material und Arbeit. Diese kann das Büro von Lieferanten bzw. Anbietern auf dem (Wettbewerbs-)Markt erhalten. Auf der anderen Seite besteht eine Beziehung zu den Kunden bzw. Leistungsabnehmern. Das sind z. B. die Bürger. Diese Stellung des Büros zwischen Lieferanten und Kunden entspricht strukturell der Position gewinnorientierter Unternehmen. Der Unterschied und damit das kennzeichnende Merkmal von Bürokratien besteht in einem dritten Verhältnis. Das Büro ist kein autonomer Akteur, sondern steht in einem Abhängigkeitsverhältnis zur Regierung, die als Sponsor auftritt. Der Sponsor ist eine Organisation von gewählten Vertretern, die einheitlich als kollektiver Akteur auftritt. Der Sponsor finanziert das Büro durch regelmäßige Zuteilungen oder einmalige Bewilligung von Geldern. Gleichzeitig kontrolliert der Sponsor die Aktivitäten des Büros. (Niskanen 1971: 24) Diese Struktur ist in Abb. 4 dargestellt.

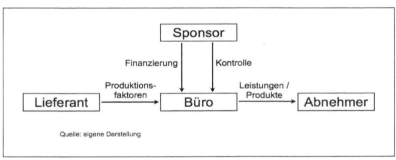

Abb. 4: Beziehungen des Büros zu seiner Umwelt

Das Büro stellt also in Abhängigkeit von den Lieferanten Leistungen für Abnehmer zur Verfügung. Finanziert wird das Büro durch den Sponsor, der die Erstellung der Leistung beauftragt und kontrolliert.

4.2.5   Das Verhältnis des Büros zum Sponsor

Niskanen entwickelt für jede der drei Beziehungen eine Funktion, die das Verhältnis des jeweiligen Akteurs zum Büro beschreibt. Für den Bürokraten als Akteur sind das die Restriktionen (A3), denen sein Handeln ausgesetzt ist.

Für das Verhältnis zum Sponsor gibt es eine Budget-Output-Funktion. Sie gibt an, welches Budget der Sponsor für einen jeweils erwarteten Output bereit ist, zur Verfügung zu stellen. (Niskanen 1971: 25) (s. Abb. 5, links)

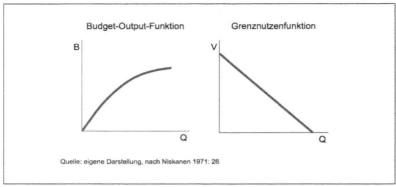

Abb. 5: Budget-Output-Funktion und Grenznutzenfunktion des Sponsors

Auf der x-Achse ist der erwartete Output an Leistung (Q) durch das Büro abge-tragen. Auf der y-Achse ist das Budget (B), das der Sponsor für diesen Output zu zahlen bereit ist, also die Zahlungsbereitschaft, angegeben. Da der Sponsor das Büro vor der Leistungserstellung finanzieren muss, bleibt der tatsächliche Output zunächst unbekannt. Die Funktion kann sich also nur auf den erwarteten Output beziehen. Dieser kann z. B. durch die Ankündigung bzw. ein Leistungsverspre-chen des Büros zustande kommen. Niskanen nimmt an, dass die Zahlungsbereit-schaft des Sponsors mit zunehmender Outputmenge ansteigt. Die Kurve hat also eine positive Steigung. Allerdings sinkt die zusätzliche Zahlungsbereitschaft mit ansteigender Outputmenge. Die Steigung der Kurve nimmt also ab. (Niskanen 1971: 25) Dies lässt sich mit dem Gesetz vom abnehmenden Grenznutzen recht-fertigen. Der Sponsor ist an der Erstellung der Leistung interessiert. Die ersten Einheiten der Leistung haben aber einen höheren Nutzen für ihn als Einheiten, die erstellt werden, wenn große Teile der Abnehmer die Leistung bereits erhalten haben. (vgl. Bartling/Luzius 2008: 62)

Dieser Sachverhalt kann auch dargestellt werden, indem die Budget-Output-Funktion in eine Grenznutzenfunktion transformiert wird. Die Grenznutzen-funktion gibt an, welchen maximalen Preis (V) der Sponsor bereit ist, pro zusätz-licher Einheit zur Verfügung zu stellen. (Niskanen 1971: 28) Diese Funktion ist in Abb. 5 rechts dargestellt.

4.2.6   Das Verhältnis des Büros zu den Lieferanten

Das Verhältnis des Büros zu den Lieferanten wird durch eine Kosten-Output-Funktion beschrieben. Diese Funktion gibt an, wie viel das Büro mindestens für die Produktionsfaktoren bezahlen muss, die für einen bestimmten Output erfor-derlich sind. (Niskanen 1971: 31f)

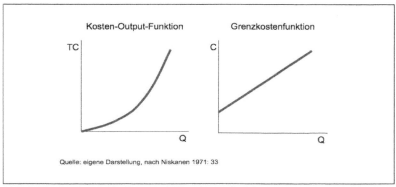

Abb. 6: Kosten-Output-Funktion und Grenzkostenfunktion

Auf der x-Achse ist wieder der Output abgetragen. Auf der y-Achse sind die totalen Kosten (TC) für den jeweiligen Output angegeben. Da das Büro seine Kostenfunktion aus der Erfahrung sehr gut kennt, kann vom tatsächlichen Output ausgegangen werden. Niskanen nimmt an, dass ein höherer Output nur durch höhere Kosten für Produktionsfaktoren zu erreichen ist. Die Kurve hat also wieder eine positive Steigung. Im Fall der Kosten-Output-Funktion nimmt Niskanen allerdings an, dass ein höherer Output nur mit steigenden Kosten pro produzierter Einheit zu erreichen ist. Die Steigung der Kurve nimmt also mit zunehmendem Output zu.[9] (Niskanen 1971: 32)

Auch diese Kurve lässt sich marginalanalytisch transformieren. Das Ergebnis ist eine Grenzkostenfunktion. Diese gibt an, welche minimalen Kosten (C) das Büro pro zusätzlicher Einheit aufwenden muss.

4.2.7 Das Verhältnis des Büros zu den Abnehmern

Das Verhältnis des Büros zu den Abnehmern der Leistung wird durch eine dritte Funktion beschrieben. Die Preis-Output-Funktion entspricht einer Nachfragefunktion, die angibt, welchen Preis die Abnehmer für einen bestimmten Output bereit sind zu zahlen. (Niskanen 1971: 87ff) Diese Funktion ist jedoch erst relevant, wenn sich das Büro zu einem wesentlichen Teil auch über den Verkauf von Leistungen zu einem Preis pro Einheit finanziert. Aus diesem Grund wird auf die Darstellung dieser Funktion verzichtet.

---

[9]   Niskanen geht davon aus, dass ein höherer Output in der Regel mit höheren Kosten pro Einheit verbunden sind, dass es aber auch Fälle geben kann, in denen die Kosten pro Einheit sinken. Allerdings geht Niskanen nicht genauer auf diese Annahmen ein. (vgl. Niskanen 1971: 32)

4.2.8   Die Maximierungsgröße des Bürokraten

Im nächsten Schritt geht es Niskanen darum darzustellen, wie sich Bürokraten in der so beschriebenen Umwelt verhalten. Die Grundannahme aus Sicht der ökonomischen Theorie widerspricht, so wie bei Tullock, den laut Niskanen bisher üblichen Annahmen. Danach strebt der Bürokrat nicht nach allgemeiner Wohlfahrt oder Staatsinteressen, sondern er verfolgt in irgendeiner Form seinen persönlichen Nutzen. (A2) (Niskanen 1971: 36f)

Diese Annahme kann im Kontext Bürokratie konkretisiert werden. Niskanen nennt als mögliche Argumente der Nutzenfunktion das „persönliche Einkommen, Zulagen, Ansehen, Macht, Patronage, Output, Bequemlichkeit Veränderungen durchzusetzen und Bequemlichkeit des Managements" (Niskanen 1971: 38). Nach Niskanen sind alle diese Variablen positiv vom Budget des Bürokraten abhängig. Die zentrale Annahme ist daher, dass ein Bürokrat danach strebt, sein Budget zu maximieren. (Niskanen 1971: 38) Für diese Annahme muss dem Bürokraten nicht einmal eigennütziges Handeln unterstellt werden. Denn selbst wenn der Bürokrat den monetären Nutzen durch Einkommen oder den nichtmonetären persönlichen Nutzen durch Ansehen oder Macht subjektiv sehr gering einschätzt, bleibt ein Anreiz, das Budget zu maximieren. Auch wenn der Bürokrat entgegen der Annahme von Niskanen die allgemeine Wohlfahrt oder Staatsinteressen verfolgt, ist er auf ein Budget angewiesen. (Niskanen 1971: 39)

Die Maximierung des Budgets unterliegt jedoch einer Beschränkung. Das Budget kann über mehrere Perioden nur soweit maximiert werden, wie das Büro auch in der Lage ist, den versprochenen Output zu generieren. Kann ein Büro das Leistungsversprechen über einen längeren Zeitraum nicht halten, wird der Sponsor das Budget kürzen. (Niskanen 1971: 42) Zwar könnte man annehmen, dass diese Bedingung immer erfüllt ist, da vom Sponsor für einen höheren erwarteten Output auch jeweils ein höheres Budget zur Verfügung gestellt wird. Jedoch wird das zusätzliche Budget mit zunehmendem erwartetem Output geringer. Die Kosten steigen nach den Annahmen von Niskanen jedoch überproportional zum Output. Ab einer gewissen Outputmenge kann das gesamte Budget die gesamten Kosten nicht mehr decken. Das Büro ist dann nicht mehr in der Lage, den versprochenen Output zu produzieren. Das Budget muss also mindestens so hoch sein wie die minimalen Kosten für den erwarteten Output. (Niskanen 1971: 42)

Grafisch wird diese Bedingung im Schnittpunkt der Budget-Output-Funktion und der Kosten-Output-Funktion deutlich. (s. Abb. 7)

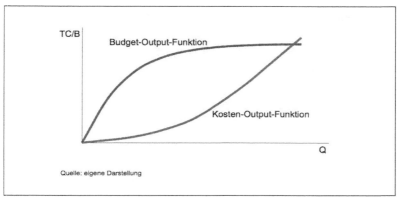

Abb. 7: Budgetbeschränkung

Die Grundannahmen des Rational-Choice-Ansatzes stellen sich für die Betrachtung von Bürokratien nach Niskanen also folgendermaßen dar: Die von Büros bereitgestellte Leistungsmenge und der Grad der Effizienz können nur über das Handeln der Akteure erklärt werden. (A1) Der Bürokrat als Akteur ist an einem möglichst hohen Budget interessiert. (A2) In seinen Handlungen ist er durch die Budget-Output-Funktion und die Kosten-Output-Funktion sowie die sich daraus ergebende Budgetobergrenze beschränkt. (A3) Er strebt im Rahmen dieser Beschränkungen eine Outputmenge an, die dieses Budget maximiert. (A4)

4.2.9   Das Basismodell

Aus den Funktionen, die die Büro-Umwelt-Beziehungen beschreiben, und den motivationalen Annahmen über das Verhalten des Bürokraten entwickelt Niskanen nun ein einfaches Modell, das es erlaubt, das Leistungsangebot des Büros und die damit verbundene Ineffizienz unter verschiedenen Bedingungen darzustellen. „Modell" bezeichnet in diesem Fall nicht wie beim NSM ein Vorbild für die Gestaltung empirischer Sachverhalte, sondern ein vereinfachtes Abbild eines empirischen Sachverhaltes, das der Erklärung der Zusammenhänge dient. (vgl. Lüders/Streitferdt 2007: 124)

Für das Basismodell wählt Niskanen das einfachste vorstellbare Büro. Es erstellt als Monopolanbieter für eine Periode nur eine Leistung, für nur einen Sponsor, ohne zusätzlichen Verkauf der Leistung. (Niskanen 1971: 45) Das Basismodell kommt also mit zwei Funktionen aus. Die erste Funktion ist die Budget-Output-Funktion, die das Verhältnis des Büros zum Sponsor beschreibt. Unter der Bedingung dieser Funktion führt die Budgetmaximierung zu einem möglichst hohen Output. Die Maximierung ist, wie bereits erläutert, aber durch die Bedingung beschränkt, dass die Gesamtkosten vom Gesamtbudget mindestens gedeckt werden müssen. Die Kostenbedingung kann durch die Einführung der Kosten-Output-Funktion deutlich gemacht werden. Das Budget kann nur bis zum Schnittpunkt der beiden Funktionen maximiert werden. Der budgetmaximierende Bürokrat wird dem Sponsor daher einen Vorschlag über die Outputmenge machen, der nahe diesem Schnittpunkt (s. Abb. 7) liegt. (Niskanen 1971: 46) Offen ist, ob der Sponsor diesen Vorschlag akzeptiert.

Die für Bürokratien charakteristische Beziehung zwischen Sponsor und Büro beschreibt Niskanen als bilaterales Monopol. (Niskanen 1971: 30) Einerseits bietet das Büro oft spezialisierte Leistungen an, so dass der Sponsor der einzige Auftraggeber ist. Andererseits kann der Sponsor oft nur auf das Büro als Anbieter der Leistung zurückgreifen. Trotzdem geht Niskanen davon aus, dass das Büro faktisch über eine größere Verhandlungsmacht verfügt. (Niskanen 1971: 30) Diese Annahme ist darin begründet, dass Bürokraten über einen Informationsvorsprung verfügen. Die Budget-Output-Funktion ist dem Sponsor bekannt und kann vom Büro aus dem Verhalten des Sponsors in früheren Perioden geschätzt werden. Die Kosten-Output-Funktion dagegen ist dem Büro bekannt, kann jedoch vom Sponsor kaum geschätzt werden. Die tatsächlichen Kosten müssen in Verhandlungen nicht offenbart werden. (Niskanen 1971: 29) Das Büro kann in den Verhandlungen diesen Informationsvorsprung ausnutzen und Budgets durchsetzen, die die Kosten übersteigen. Niskanen geht daher davon aus, dass das Büro wie ein Monopolanbieter auftreten kann. (Niskanen 1971: 29) Als solcher kann der Bürokrat seinen Vorschlag über eine Outputmenge zu einem gegebenen Budget gegenüber dem Sponsor durchsetzen. Dieser Sachverhalt bleibt davon unberührt, dass der Sponsor formale Machtbefugnisse über den Bürokraten hat. (vgl. Niskanen 1971: 40) Aufgrund der Annahme der asymmetrischen Verhandlungssituation kann Niskanen seine Analyse als einseitiges Maximierungskalkül des Bürokraten darstellen. (vgl. Niskanen 1971: 46) Der Sponsor kann nicht als aktiver Akteur auftreten. (Niskanen 1971: 30) Daher ist zunächst unerheblich, ob der Sponsor Ziele verfolgt, die mit der Maximierungsgröße des Bürokraten konkurrieren.

Das unter der Kostenbedingung maximal mögliche und vom Bürokraten angestrebte Budget lässt sich auch marginalanalytisch darstellen. Die Budget-Output-Funktion wird zu diesem Zweck wieder als marginale Nutzenfunktion des Sponsors (V) dargestellt. Das Gesamtbudget ist dann durch die Fläche unterhalb der Grenznutzenfunktion bis zur jeweiligen Outputmenge Q repräsentiert. Die Kosten-Output-Funktion wird als Grenzkostenfunktion des Büros (C) dargestellt. Die Gesamtkosten sind dann als Fläche unter der Grenzkostenfunktion bis zur jeweiligen Outputmenge Q dargestellt.

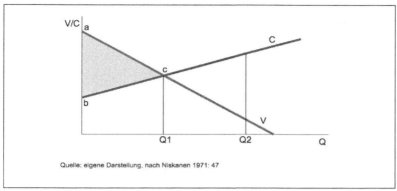

Quelle: eigene Darstellung, nach Niskanen 1971: 47

Abb. 8: Basismodell der Bürokratie nach Niskanen

Die Gesamtbudgetbeschränkung durch die Kosten wird erreicht, wenn die beiden Flächen gleich groß sind. Das ist in Abb. 8 bei der Outputmenge Q2 der Fall.

Die Situation eines so maximierten Budgets hat folgende Eigenschaften. Das Gesamtbudget deckt gerade die Gesamtkosten. Es gibt also mit Blick auf die Gesamtkosten keine Ineffizienz. (Niskanen 1971: 47) Der Schnittpunkt der Grenznutzenfunktion und der Grenzkostenfunktion liegt jedoch bei einem weit geringeren Output. Bei maximiertem Budget werden also Leistungen erstellt, obwohl jede zusätzliche Einheit Kosten verursacht, die den zusätzlichen Nutzen des Sponsors übersteigen. Das optimale Produktionsniveau wird überschritten. (Niskanen 1971: 47) Bei dieser Leistungsmenge ist die Bereitstellung effizient, die Allokation jedoch ineffizient. (Erlei/Leschke/Sauerland 2007: 381) Die minimal möglichen Kosten pro Einheit sind für die zweite Hälfte der Produktionsmenge wesentlich höher als der Grenznutzen des Sponsors. (Niskanen 1971: 47f)[10]

In der marginalanalytischen Betrachtung wird deutlich, dass die Grenzkostenfunktion für die Ermittlung der Outputmenge nicht relevant ist. Würden die Leistungen des Büros auf dem Markt zu einem Preis angeboten, dann würde die Leistungsmenge über den Preismechanismus reguliert werden. Es würde sich ein Gleichgewicht bei der Outputmenge einstellen, bei dem sich Grenzkosten und Grenznutzen entsprechen. (Varian 2001: 275) In der hier betrachteten Situation wird die Outputmenge aber nicht über den Preis koordiniert, sondern über die

---

[10]   Niskanen unterscheidet darüber hinaus einen Fall, in dem die Leistungsmenge nicht durch die Kostenbedingung, sondern durch eine Nachfragerestriktion des Sponsors begrenzt wird. (s. dazu Niskanen 1971: 48) Auf diesen Fall wird hier verzichtet, da er für die grundlegende Erläuterung der Theoriearchitektur nicht relevant ist und in der Forschung nicht weiter verfolgt wurde.

Verhandlungen zwischen Bürokrat und Regierung, die der Bürokrat durch seine Verhandlungsmacht wie in einer Monopolstellung dominieren kann. (Niskanen 1971: 29f) Das führt dazu, dass die Produktion des Büros nicht optimiert wird. Das Büro produziert größere Mengen, obwohl das zusätzliche Budget die zusätzlichen Kosten für den erwarteten Output nicht mehr deckt. Nicht die Grenzkostenbetrachtung ist also für die Beschränkung der Outputmenge ausschlaggebend, sondern die Gesamtkostenbetrachtung.

Nach diesem Modell stellt Niskanen die Hypothesen auf, dass Büros zu groß sind. Sie produzieren zu hohen Output und verfügen über das dafür erforderliche zu hohe Budget. Sie maximieren nicht den Nettonutzen des Sponsors. (Niskanen 1971: 49f) Das Modell von Niskanen kann also aufzeigen, warum bürokratische Organisation ineffizient sein kann und welche Bedingungen diese Ineffizienz beeinflussen.

4.3 Kritik und Erweiterungen des Basismodells

Das erste Modell von Niskanen wurde umfangreicher Kritik unterzogen und entsprechend weiter entwickelt. (Niskanen reagierte direkt (1974, 1975). Einen Überblick geben Niskanen 2001: 264ff und Wintrobe 1997.)

Ein erster zentraler Kritikpunkt betrifft die Frage, was Bürokraten maximieren. Migué/Bélanger (1974) wenden ein, dass die Wahl einer bestimmten Nutzenfunktion willkürlich sei. Die einzige Aussage, die sich aus Sicht der ökonomischen Theorie über den Bürokraten machen ließe, sei, dass er ein Nutzenmaximierer ist. Als solcher verteile er das ihm zur Verfügung stehende Budget auf verschiedene Güter. Relevant ist nur der Teil des Budgets, den der Bürokrat tatsächlich verteilen kann. Als Alternative zu Niskanens Annahme schlagen Migué/Bélanger deshalb vor, dass der Bürokrat nicht das Budget, sondern das ihm zur freien Verfügung stehende Budget maximiert. (Migué/Bélanger 1974: 29) Dieses ergibt sich aus dem Gesamtbudget abzüglich der minimalen Kosten für die versprochenen Leistungen.

Im Modell von Migué/Bélanger führt die Nutzenmaximierung durch den Bürokraten zu einem Output, bei dem sich Grenznutzen und Grenzkosten entsprechen. An diesem Punkt ist der Überschuss des Gesamtbudgets über die Gesamtkosten maximal. (Migué/Bélanger 1974: 30) Der Output geht nicht über die optimale Produktionsmenge hinaus. Er entspricht genau der für den Sponsor optimalen Bereitstellungsmenge. Allerdings wird dieser Output mit einem Budget erstellt, das zu hoch ist. Die Produktion ist ineffizient. Die Ineffizienz entspricht dem frei verfügbaren Budget des Bürokraten. In Abb. 8 entspricht diese Situation dem Output Q1. Der dem Bürokraten zur freien Verfügung stehende Budgetüberschuss sowie die Ineffizienz entsprechen der Fläche a-b-c (grau).

Niskanen nimmt die Kritik auf und entwickelt eine angepasste Theorie (1975). Kern soll eine möglichst allgemeine Nutzenfunktion sein. Niskanen zeigt, dass sich eine allgemeine Nutzenfunktion in der institutionellen Struktur von Bürokratien auf eine Funktion reduzieren lässt, die nur von der Outputmenge und dem frei verfügbaren Budget abhängt. (Niskanen 1975, zit. nach Niskanen 1996: 246) Die Annahme, dass Bürokraten das frei verfügbare Budget maximieren ist dann unabhängig von der individuellen Nutzenfunktion. Niskanen kann diese also übernehmen. (Niskanen 1996: 281) Dieses Budget kann zwar nicht als persönliches Einkommen angeeignet werden, es kann aber in anderer Weise für den persönlichen Nutzen ausgegeben werden. (Niskanen 1996: 274) Unter Umständen kann das frei verfügbare Budget zur Produktion der ursprünglichen Leistung des Büros eingesetzt werden. In den Darstellungen zur ökonomischen Theorie der Bürokratie hat sich diese Ansicht durchgesetzt.[11] (z. B. Erlei/Lescke/Sauerland 2007: 381) Die tatsächliche Outputmenge liegt dann zwischen der für den Sponsor optimalen Menge und der maximal möglichen Outputmenge. Dementsprechend wird auch die tatsächliche Ineffizienz eine Mischung aus allokativer Ineffizienz und Bereitstellungsineffizienz sein. (z. B. Erlei/Leschke/Sauerland 2007: 380f) Wenn die Produktion der ursprünglichen Leistung den höchsten Nutzen für den Bürokraten erbringt, dann wird das gesamte frei verfügbare Budget in diesen Output umgesetzt. Als Sonderfall tritt die ursprünglich von Niskanen angenommene Konstellation ein.

Ein zweiter wesentlicher Kritikpunkt bezieht sich auf die Modellierung der Beziehung zwischen Büro und Sponsor. Zwar hat Niskanen einen Verhandlungsprozess zwischen den beiden Akteuren angedeutet (Niskanen 1971: 24). Diesen beschreibt er als Verhandlungssituation mit dominanter Verhandlungsmacht auf Seiten des Bürokraten. Das Verhältnis und der Verhandlungsprozess sind jedoch von einer genaueren Analyse ausgenommen. Die Position des Sponsors bleibt die eines machtlosen Nachfragers, der keine Möglichkeiten hat, das Büro zu kontrollieren und gegebenenfalls zu sanktionieren. (Niskanen 2001: 265) Breton/ Wintrobe (1975) dagegen haben auf Kontrollmöglichkeiten der Regierung hingewiesen. Die Verhandlungsmacht des Büros in Niskanens Modell ist wesentlich davon abhängig, dass das Büro einen Informationsvorsprung bezüglich der Kostenfunktion hat und als Monopolanbieter auftreten kann. (Breton/Wintrobe 1975: 199) Diese Annahmen weisen bereits auf Ansatzpunkte hin, wie die Position des Büros gegenüber dem Sponsor geschwächt werden kann. (Mueller 2008: 365) Beispielsweise könnte die Kostenfunktion durch Kontrollagenten überprüft werden und so dem Sponsor transparenter gemacht werden oder die Monopol-

---

[11]   Niskanen zeigte darüber hinaus sogar, dass die Nutzenfunktion nur von der Outputmenge und der institutionellen Struktur der Bürokratie abhängt. (Niskanen 1975, zit. nach 1996: 247)

stellung des Büros könnte aufgehoben werden, indem es dem Wettbewerb mit anderen Büros ausgesetzt würde. (Mueller 2008: 365ff) Auf diese Möglichkeiten wird später eingegangen.[12]

4.4　Die Transaktionskostentheorie

Die Idee der Transaktionskosten wurde von Ronald Coase (1937) entwickelt. Coase ging von der Beobachtung aus, dass in der ökonomischen Theorie zwei unterschiedliche Annahmen verwendet wurden. Teilweise wurde angenommen, dass Ressourcenallokation durch den Preismechanismus auf Märkten erfolgt. Teilweise wurde jedoch angenommen, dass die Allokation durch Unternehmer koordiniert wird. (Coase 1937: 389) Coase erklärt diesen Unterschied durch die Annahme, dass die Nutzung des Preismechanismus auf Märkten mit Kosten verbunden ist. Diese Kosten sind Transaktionskosten. Coase zählt dazu die Kosten, um die relevanten Preise aufzudecken sowie die Kosten der Vertragsverhandlungen. (Coase 1937: 390) Wenn die Kosten der Transaktionen auf Märkten zu hoch sind, wird ein Unternehmer entscheiden, die Allokation selbst zu koordinieren und dazu eine Organisation zu gründen. (Coase 1937: 392) Eine solche Organisation ist in der Sicht von Coase ein Bündel von wenigen langfristigen Verträgen, die nicht vollständig spezifiziert werden müssen und daher kostengünstiger sind als die vielen kurzfristigen Verträge bei Markttransaktionen. Bei Bedarf können die Verträge, die die Organisation konstituieren, durch den Unternehmer mit Anweisungen vervollständigt werden. (Coase 1937: 391)

Die Idee der Transaktionskosten baut auf den Annahmen von unvollständiger Information (A5) und der Annahme von Kosten für die Ergänzung von Information (A6) auf. Die Akteure können gerade nicht auf Basis vollständiger Information auf Märkten ihren Nutzen maximieren.

Ausformuliert wurde eine entsprechende Transaktionskostentheorie von Oliver Williamson. Die grundlegende Perspektive baut ebenfalls auf Verträgen auf. Untersucht werden verschiedene Arten von Verträgen, die Organisationsformen zur Lösung von Aufgaben beschreiben. (Williamson 1990: 22) Das Hauptproblem dabei ist die effizienzorientierte Gestaltung der Organisation. (Williamson 1996: 4) Die zentrale Einsicht, dass Markttransaktionen etwas kosten, wurde dadurch weiter entwickelt. Transaktionskosten fallen nicht nur bei Markttransaktionen, sondern in jeder Organisationsform an. Grundlegend wird zwischen Markt und Hierarchie als alternative Formen der Abwicklung von Transaktionen unterschieden. (Erlei/Leschke/Sauerland 2007: 201) Im Markt fallen Kosten für die

---

[12]　Die von Niskanen skizzierte Beziehung zwischen Sponsor und Büro und die daraus entstehende Verhandlungssituation entspricht strukturell einer Prinzipal-Agent-Beziehung. Probleme solcher Beziehungen und deren Lösungsmöglichkeiten werden ausführlich in der Principal-Agent-Theorie untersucht. Speziell auf Verwaltungen angewendet wurde diese Theorie z. B. von Jan-Erik Lane (2005)

Marktbenutzung an; in Hierarchien gibt es Kosten für die Organisationsbenutzung. Der Begriff Transaktionskosten umfasst beide Kostenarten und bezeichnet alle Kosten, die entstehen, wenn ein freiwilliges Austauschverhältnis unter der Bedingung der Unsicherheit durch einen Vertrag zustande kommen soll. Es geht also nur um Kosten, die direkt mit dem Vertrag in Verbindung stehen. Sie müssen von den Kosten der Produktion unterschieden werden. (Martiensen 2000: 274) Williamson unterscheidet zwischen ex-ante und ex-post Transaktionskosten. Ex-ante Transaktionskosten entstehen bis zum Zeitpunkt des Vertragsabschlusses durch Aufwendungen für den Entwurf des Vertrages, die Verhandlungen mit dem Vertragspartner und Mechanismen für die Absicherung der Vereinbarung. (Williamson 1990: 22f) Ex-post Transaktionskosten entstehen nach dem Vertrag im Fall der Abweichung von den ursprünglichen Vereinbarungen. Dazu zählen Kosten für die Anpassung an unverschuldete Veränderungen, Streitschlichtung oder Durchsetzung der Verträge. (Williamson 1990: 24)

Die Schwierigkeit der Transaktionskostentheorie besteht in der Quantifizierung der Kosten. (Williamson 1990: 24) Es können jedoch Eigenschaften der Transaktionen als Indikatoren für die Höhe der Transaktionskosten verwendet werden. Wesentliche Merkmale sind die Spezifität der eingesetzten Faktoren, die Unsicherheit und die Häufigkeit der Transaktionen. (Williamson 1990: 59)

Faktorspezifität bezeichnet die Möglichkeit, einen bestimmten Produktionsfaktor außerhalb der gerade verhandelten Transaktion einzusetzen. Eine hohe Faktorspezifität, also schlechte Chancen auf alternative Verwendung des Produktionsfaktors, ist mit hohem Risiko für den Vertragspartner verbunden. Wenn der Vertrag nicht eingehalten wird, ist die Investition wertlos. (Williamson 1990: 61) Der Produzent muss sich stärker absichern und die Transaktionskosten werden eher steigen. Steigende Unsicherheit der Transaktion, die durch zusätzliche Informationssuche ausgeglichen werden muss, führt ebenso zu steigenden Transaktionskosten. Je häufiger eine Transaktion durchgeführt wird, desto eher kann auf Informationen aus der vorhergehenden Transaktion zurück gegriffen werden. Die jeweilige Durchführung verursacht geringere Transaktionskosten. (Eichhorn 2007: 115)

Nach der Transaktionskostentheorie soll für eine Transaktion die Organisationsform gewählt werden, die die Transaktionskosten reduziert. (Erlei/Leschke/ Sauerland 2007: 212) Das Problem der Quantifizierung kann durch einen Vergleich der Transaktionskosten in verschiedenen Organisationsformen umgangen werden. Ergebnisse können aus einer rein komparativen Perspektive gewonnen werden. (Williamson 1990: 25) Die Zusammenhänge können am Beispiel der Faktorspezifität anschaulich gemacht werden.

Es wird angenommen, dass die Transaktionskosten (TK) bei geringer Faktorspezifität (k) in Märkten niedriger sind als in Hierarchien. Mit zunehmender Faktorspezifität steigen jedoch die Transaktionskosten für die Marktbenutzung stärker an. Zwischen Markt und Hierarchie sind hybride Formen der Organisation denkbar. Für solche Organisationsformen nehmen die Transaktionskosten einen Zwischenwert an. (Erlei/Leschke/Sauerland 2007: 212f) Das ist in Abb. 9 dargestellt.

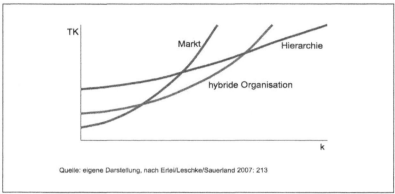

Quelle: eigene Darstellung, nach Erlei/Leschke/Sauerland 2007: 213

Abb. 9: Transaktionskostenfunktionen

Die Frage nach der optimalen Organisationsform kann grafisch beantwortet werden. Die Transaktionskosten werden im Bereich geringer Spezifizität durch eine Markttransaktion minimiert. Mit zunehmender Spezifizität werden zunächst hybride Formen der Organisation vorteilhafter. Bei hoher Spezifizität werden die Transaktionskosten durch die Abwicklung der Transaktion in der Hierarchie minimiert. (Erlei/Leschke/Sauerland 2007: 213)

4.5   Zusammenfassung und Reichweite der Theorie

Ausgehend von Akteuren, die ihren individuellen Nutzen unter gegebenen Bedingungen zu maximieren versuchen, zeigt das Theoriemodell von Niskanen, wie in der Leistungserstellung von Bürokratien Ineffizienz zustande kommt. Danach ist weder allokative Effizienz noch Effizienz der Bereitstellung gegeben. Büros können über zu große Budgets verfügen.

Entscheidend für dieses Ergebnis ist die Annahme, dass Büros im Verhältnis zu ihrem Sponsor über einen Informationsvorsprung bezüglich der wahren Kosten verfügen. Dieser erlaubt es ihnen, ihre Stellung als Monopolanbieter auszunutzen. In der Verhandlung zwischen Büro und Sponsor hat das Büro die überlegene Verhandlungsmacht. Büros können ihren Sponsoren Vorschläge über Leistungsmengen machen, die diese akzeptieren müssen. Auf diesem Weg können

Büros das für sie frei verfügbare Budget maximieren. Dieses Budget kann nicht mehr im Sinn des Sponsors ausgegeben werden.

Niskanen hat diese Ergebnisse in einem sehr abstrakten und formalen Modell entwickelt. Das hat Folgen für die Verwendung der Theorie als Rahmen für die Analyse des NSM.

Niskanens Modell baut nicht auf möglichst realistischen, sondern auf möglichst einfachen Annahmen auf, die es erlauben, Ergebnisse abzuleiten. (Niskanen 1971: 10) Das theoretische Modell abstrahiert also ganz bewusst von der Wirklichkeit, um überhaupt erste Aussagen über Zusammenhänge treffen zu können. Anhand dieser Aussagen soll die Theorie dann getestet und eventuell angepasst werden. (Niskanen 1971: 38) Dementsprechend kann auch der theoretische Rahmen dieser Arbeit kein exaktes Abbild der Realität sein. Er dient dazu, auf sehr hoher Abstraktionsstufe erste Aussagen über mögliche Wirkungsmechanismen des NSM zu treffen. Durch Neuformulierungen mit abnehmender Abstraktion kann die Theorie dann weiter an die Realität angenähert werden. (vgl. Bartling/Luzius 2008: 14)

Die formal ausformulierten Kernbestandteile des Modells beziehen sich auf den besonderen Kontext der institutionellen Gegebenheiten in den USA während der 1960er und 1970er Jahre. Dabei konzentriert sich Niskanen auf Büros, die in Abhängigkeit von repräsentativen Regierungen auf Bundesebene stehen. Auf das NSM ist die Theorie daher nicht einfach übertragbar. Für diese Anwendung muss das Modell erst an den deutschen kommunalpolitischen Kontext angepasst werden. Vor dem Hintergrund der nicht entwickelten theoretischen Forschung zum NSM wird auf die mathematische Exaktheit zugunsten eines semiformalen Modells (Williamson, zit. nach Erlei/Leschke/Sauerland 2007: 20) verzichtet. Die verwendeten Funktionen dienen der Veranschaulichung der Eigenschaften und Zusammenhänge der Bestandteile des untersuchten Systems. Sie werden daher ausschließlich grafisch dargestellt.

5 Theoretische Analyse des NSM

5.1 Ein Grundmodell für Kommunalverwaltungen

5.1.1 Die Akteure und ihre Beziehungen

Für die theoretische Analyse des NSM wird in diesem Kapitel zunächst ein an Niskanen angelehntes Grundmodell der deutschen Kommunalverwaltung entwickelt. In dieses Modell werden dann die fünf bereits vorgestellten zentralen Elemente des NSM integriert, um deren Wirkungsweise aufzuzeigen. Anschließend wird das Element Wettbewerb zusätzlich aus der Perspektive der Transaktionskostentheorie analysiert.

Das Grundmodell der Kommunalverwaltung ist eine Anpassung des vorgestellten Basismodells von Niskanen an die institutionellen Gegebenheiten deutscher Kommunalverwaltungen. Grundlage dafür ist das oben skizzierte einfache Modell einer Kommunalverwaltung. Zentrale Akteure sind der Rat und die Verwaltung, vertreten durch den Verwaltungschef. Der Rat trifft politische Entscheidungen, die von der Verwaltung umgesetzt werden. Angenommen wird, dass nur ein einziges Produkt bereitgestellt wird, das nicht über den Verkauf, sondern allein durch Zuweisungen des Rates finanziert wird.

Der Rat wird als kollektiver Akteur angenommen. Die Binnenstruktur des Rates wird dabei vernachlässigt. Obwohl der Rat aus mehreren Mitgliedern mit zunächst unterschiedlichen Interessen besteht, werden im Modell einheitliche Entscheidungen unterstellt. Im Verhältnis zur Verwaltung spielen die einzelnen Mitglieder des Rates und die Interessenverteilung also keine Rolle.

Die Verwaltung ist eine hierarchische Organisation. Formal vertritt der Verwaltungschef die gesamte Verwaltung. Es wird davon ausgegangen, dass er als Einzelakteur direkt mit dem Rat verhandelt. In der Verhandlungssituation wird daher nur der Verwaltungschef berücksichtigt.

Das Verhältnis zwischen Rat und Verwaltung kann so wie bei Niskanen formal als ein bilaterales Monopol beschrieben werden. Eine Gemeinde verfügt über genau eine Verwaltung. Der Rat hat zunächst keine Ausweichmöglichkeiten auf andere Anbieter kommunaler Leistungen. Die Verwaltung kann ihre Leistungen nicht anderen Abnehmern zur Verfügung stellen.

Die von der Informationsbasis abhängigen Verhandlungspositionen von Rat und Verwaltung sind vom formalen Verhältnis zu unterscheiden. In der Kommunalpolitik ist von einer engeren Verbindung zwischen Rat und Verwaltung als in der Bundespolitik auszugehen. (Niskanen 1971: 30) Es besteht nicht nur größere räumliche Nähe, auch die Verbundenheit mit der eigenen Gemeinde könnte Rat und Verwaltung in näheren Kontakt bringen. Nicht unterschätzt werden sollte jedoch die unterschiedliche Position der Ratsmitglieder einerseits und der Verwaltungsangestellten andererseits. Die Ratsmitglieder arbeiten überwiegend ehrenamtlich neben ihrem eigentlichen Beruf. Die Verwaltungsangestellten einschließlich des Verwaltungschefs haben in der Verwaltung jedoch ihre hauptberufliche Tätigkeit. Schon rein zeitlich können sich die Akteure in der Verwaltung also viel intensiver mit ihren Aufgaben beschäftigen als es die ehrenamtlichen Akteure im Rat können. (vgl. Niskanen 1971: 29f) Zunächst kann bezüglich der realen Kosten der Verwaltung also wie bei Niskanen von einer Informationsasymmetrie zwischen Rat und Verwaltung ausgegangen werden.

Die Handlungsmöglichkeiten der Verwaltung unterliegen Beschränkungen. Sie werden durch die Zahlungsbereitschaft des Rates und die Kosten der Verwaltung beschrieben.

5.1.2   Die Zahlungsbereitschaft des Rates

Die Zahlungsbereitschaft des Rates drückt sich in einer Budget-Output-Funktion aus. Niskanen nahm dafür eine Funktion an, die eine positive aber abnehmende Steigung besitzt. Die Grenznutzenfunktion des Sponsors war durch eine fallende Gerade dargestellt. Die Formulierung einer solchen Budget-Output-Funktion, über die zwischen Sponsor und Bürokrat verhandelt wird, impliziert jedoch, dass eine Verhandlung über die Leistungsmenge überhaupt möglich ist. Der Output muss also tatsächlich der freien Entscheidung durch den Sponsor unterliegen. Bei den von Niskanen verwendeten Beispielen ist das der Fall. (z. B. sind militärische Fähigkeiten oder Sozialleistungen Entscheidungen des Sponsors (vgl. Niskanen 1971: 26)) Die implizite Annahme über die freie Entscheidbarkeit von Outputmengen durch den Sponsor ist für Leistungen, die deutsche Kommunalverwaltungen erbringen, jedoch nicht durchgängig haltbar.

Die kommunalen Leistungen können nach dem Grad der Entscheidungsfreiheit differenziert werden. Neben staatlichen Auftragsangelegenheiten gibt es Pflichtaufgaben nach Weisung sowie pflichtige und freiwillige Selbstverwaltungsaufgaben. (Walter-Rogg/Kunz/Gabriel 2005: 416f) Auftragsangelegenheiten werden nicht weiter berücksichtigt, da die Kosten für diese Aufgaben den Kommunen erstattet werden. (Walter-Rogg/Kunz/Gabriel 2005: 416) Es gibt in diesem Fall also kein Verhandlungsproblem zwischen Rat und Verwaltung. Die anderen Aufgaben müssen von den Kommunen aus eigenen Mitteln finanziert werden. Pflichtaufgaben nach Weisung unterliegen staatlichen Vorgaben und Kontrollen. Die Gemeinden können hier nicht selbst darüber entscheiden, ob und wie sie die Aufgaben erfüllen. Bei pflichtigen Selbstverwaltungsaufgaben können die Gemeinden ebenfalls nicht darüber entscheiden, ob sie die Aufgaben erfüllen wollen. Hingegen gibt es bei der Art der Durchführung Entscheidungsspielräume für die jeweilige Kommune. Bei freiwilligen Selbstverwaltungsaufgaben können die Gemeinden vollständig selbst über die Aufgabenerfüllung entscheiden. (Walter-

Rogg/Kunz/Gabriel 2005: 416f) Beispiele für die Aufgabenbereiche finden sich in Tab. 3.

	Pflichtaufgaben nach Weisung	pflichtige Selbstverwaltungsaufgaben	freiwillige Selbstverwaltungsaufgaben
Wahrnehmung	Gesetzliche Verpflichtung zur Aufgabenwahrnehmung	Gesetzliche Verpflichtung zur Aufgabenwahrnehmung	Aufgabenwahrnehmung im Ermessen der Gemeinde
Durchführung	Staat kann durch Weisung Einfluss nehmen	Durchführung im eigenen Ermessen	Durchführung im eigenen Ermessen
Beispiele	Feuerschutz, Bauaufsicht	Bau von Straßen, Schulen, Energieversorgung	Kulturelle Einrichtungen, Sport und Freizeit

Tab. 3: Aufgaben der Kommunen, angelehnt an Walter-Rogg/Kunz/Gabriel 2005: 417

Im Folgenden werden zur Vereinfachung nur Pflichtaufgaben ohne Entscheidungsspielraum für die Kommunen und freiwillige Aufgaben mit vollständigem Entscheidungsspielraum für die Kommunen unterschieden.

Dem Rat bleibt bei Pflichtaufgaben nicht die Möglichkeit, auf der Budget-Output-Funktion einen Punkt frei zu wählen. Sowohl der Rat als auch die Verwaltung unterliegen in diesem Fall zusätzlichen externen Handlungsbeschränkungen (A3). Der Rat kann lediglich ein Budget für einen gegebenen Output bewilligen. Dieses Budget kann den tatsächlichen Kosten entsprechen, es ist aber auch eine Über- oder Unterdeckung der Kosten möglich. Das Problem reduziert sich in diesem Fall auf die Frage der effizienten Produktion und der Angemessenheit von Zahlungsbereitschaft des Rates und realen Kosten der Verwaltung. Es liegt aber kein Problem der optimalen Produktionsmenge mehr vor, auf die Niskanens Modell auch abzielte. Für den Fall determinierter Outputmengen ist Niskanens Modell also nur eingeschränkt anwendbar. Es gibt keinen Verhandlungsprozess über die Produktionsmenge.

Für freiwillige Selbstverwaltungsaufgaben kann eine Situation wie sie von Niskanen beschrieben wurde angenommen werden.

Insgesamt kann für das Grundmodell die Budget-Output-Funktion von Niskanen übernommen werden. Lediglich der Umfang der Verhandlungen ist in einigen Fällen beschränkt. Die Struktur der Zahlungsbereitschaft des Rates bleibt davon unberührt.

5.1.3 Die Kosten der Verwaltung

Die Kosten der Verwaltung werden durch die Kosten-Output-Funktion ausgedrückt. Für die Kommunalverwaltung wird Niskanens Vorschlag einer progressiven Kostenfunktion nicht übernommen. Das ist für kommunale Leistungen nicht plausibel. Eine progressive Kostenfunktion sagt aus, dass die Kosten mit der Produktionsmenge überproportional steigen. Ursache solcher Kostenfunktionen ist die Überschreitung von Kapazitätsgrenzen. (Varian 2001: 348) Beispiele können Überstundenzuschläge, zusätzlich angemietete Räume zu einem höheren Mietpreis oder extremer Verschleiß technischer Anlagen bei hoher Auslastung sein. Daher treten progressive Kostenfunktionen nur bei kurzfristiger Kapazitätsausweitung auf bis die Produktionsfaktoren an die erhöhte Nachfrage angepasst werden können. (Varian 2001: 313) Die Nachfrage nach kommunalen Leistungen ist in vielen Fällen von der Gemeindegröße abhängig und verändert sich daher nur langsam. Durch die Gemeindegröße unterliegt sie einer natürlichen Beschränkung. Plötzliche Produktionsausweitungen durch Nachfrageänderungen ohne Anpassung der Produktionsfaktoren sind daher nicht zu erwarten.

Andererseits ist auch nicht anzunehmen, dass durch Produktionssteigerungen Skalenerträge realisiert werden können. Skalenerträge lägen vor, wenn bei Vergrößerung der Produktionsmenge die Kosten nur unterproportional steigen würden. (Varian 2001: 339) Dies wäre z. B. bei Massenproduktion mit hoher Arbeitsteilung oder Einsatz von Maschinen mit größerer Kapazität denkbar. In diesem Fall müsste von einer fallenden Grenzkostenkurve ausgegangen werden.

Da bei vielen kommunalen Dienstleistungen weder von plötzlichen und großen Änderungen der Produktionsmenge noch von Massenproduktion ausgegangen werden kann, wird für das Grundmodell eine lineare Kostenkurve angenommen. Die Grenzkosten sind dann konstant und können grafisch als eine zur x-Achse parallele Linie dargestellt werden. (so auch Erlei/Leschke/Sauerland 2007: 379)

5.1.4 Die Maximierungsgröße des Verwaltungschefs

Das dritte Element für das Grundmodell ist die Maximierungsgröße des Verwaltungschefs. Da für die deutschen Gegebenheiten keine gesonderten Anhaltspunkte für die Maximierungsgröße vorliegen, werden die Ergebnisse der internationalen Forschung zugrunde gelegt. In diesem Bereich gibt es einen Konsens über die Annahme, dass Bürokraten das frei verfügbare Budget maximieren. (Niskanen 2001: 269, Blankart 2006: 536)

5.1.5 Das Grundmodell

Das Grundmodell ergibt sich, indem Zahlungsbereitschaft des Rates und die Kosten der Verwaltung als marginale Zahlungsbereitschaft (mZB) und Grenzkosten der Verwaltung (GK) ausgedrückt werden. Dazu kommt die Annahme über die Maximierungsgröße der Verwaltung. Als einfachstes mögliches Modell wird wieder ein Einperiodenmodell angenommen, in dem nur über ein Produkt verhandelt wird.

Wie in Niskanens Basismodell kann die Verwaltung aufgrund ihres Informationsvorsprungs wie ein Monopolanbieter auftreten und diese Stellung auch ausnutzen.

Im Modell für die kommunale Selbstverwaltung wird aber nach freiwilligen Aufgaben (s. Abb. 10) und Pflichtaufgaben (s. Abb. 11) unterschieden.

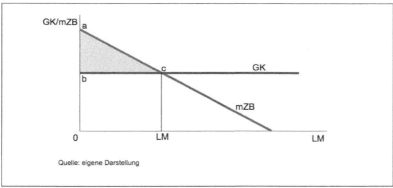

Abb. 10: Grundmodell der Verwaltung: freiwillige Aufgaben

Die Maximierung des frei verfügbaren Budgets durch den Verwaltungschef würde bei freiwilligen Aufgaben zu einer Outputmenge LM führen. Eine solche Outputmenge wäre mit Ineffizienz in der Bereitstellung verbunden. Diese entspricht der Fläche a-b-c (grau) in der Abb. 10.

Bei Pflichtaufgaben sind zwei Fälle denkbar:

Entweder der durch externe Handlungsbeschränkungen festgelegte Output (LM_{fix1}) liegt links des Schnittpunktes der marginalen Zahlungsbereitschaft mit den Grenzkosten. Die Verwaltung kann dann das frei verfügbare Budget zwar nicht in gleichem Maße wie bei freiwilligen Aufgaben ausweiten. Sie kann aber dennoch ein erhebliches frei verfügbares Budget verwirklichen. Es entspricht in Abb. 11 der grau markierten Fläche a-b-d-e.

Oder der festgelegte Output (LM_{fix2}) liegt rechts des Schnittpunktes von marginaler Zahlungsbereitschaft und Grenzkosten. Zwar übersteigen die Grenzkosten dann die marginale Zahlungsbereitschaft für etliche Einheiten, aber die Differenz kann aus dem Gesamtbudgetüberschuss kompensiert werden. Die Verwaltung kann dann immer noch ein frei verfügbares Budget erzielen, das in der Abb. 11 der Differenz der Flächen a-b-c und c-f-g entspricht.

Ein Output jenseits von LM_{max} ist zumindest langfristig nicht möglich, da in diesem Fall die Gesamtkosten nicht mehr vom Gesamtbudget gedeckt würden. Das widerspricht der Beschränkung der Handlungsoptionen des Bürokraten.

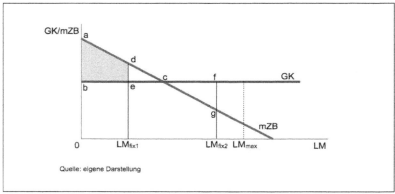

Abb. 11: Grundmodell der Verwaltung: Pflichtaufgaben

Dieses Grundmodell beschreibt für den Kontext der kommunalen Selbstverwaltung, welche Konsequenzen sich aus den Verhandlungsergebnissen zwischen den Akteuren ergeben. In allen Fällen kann die Verwaltung ein frei verfügbares Budget durchsetzen. Eine solche Konstellation ist also mit Ineffizienz verbunden. Wenn das NSM eine Maßnahme gegen diese Ineffizienz sein soll, dann müssen die theoretischen Wirkungszusammenhänge im Modell sichtbar gemacht werden können. Die einzelnen Bestandteile des NSM müssen zu diesem Zweck in das Grundmodell integriert werden. Es geht im Folgenden also um die Rekonstruktion des NSM im Theorierahmen der ökonomischen Bürokratietheorie.

5.2   Elemente des Kernmodells des NSM

5.2.1   Verantwortungsabgrenzung

Im ersten Schritt muss die Verantwortungsabgrenzung zwischen Rat und Verwaltung in das Modell integriert werden. Aber wie kann die Trennung der Fragen nach dem „Was?" und dem „Wie?" der kommunalen Leistungserstellung im Grundmodell dargestellt werden? Die vielleicht überraschende Antwort ist, dass die Verantwortungsabgrenzung bereits im Grundmodell enthalten ist.

Die Frage nach dem „Was?" der kommunalen Leistungserstellung wird durch eine Budget-Output-Funktion beantwortet. Die Entscheidung des Rates, eine Leistung erstellen lassen zu wollen, ist die Entscheidung über einen Output. Eine solche Entscheidung ist mit einer bestimmten Zahlungsbereitschaft verbunden. Genau dieser Zusammenhang wird in der Budget-Output-Funktion dargestellt. Die grundlegende Entscheidung des Rates für eine Leistung wird also im Modell durch Aufstellung dieser Funktion dargestellt.

Die Frage nach dem „Wie?" schlägt sich in der Kosten-Output-Funktion nieder. Die Leistungserstellung liegt nach dem NSM in der Verantwortung der Verwaltung. Sie entscheidet über die Details von Organisation und Faktoreinsatz. Betriebswirtschaftlich gesprochen handelt es sich um die Wahl einer Produktionstechnologie (Varian 2001: 525). Die Wahl der Produktionstechnologie entscheidet über das Kostenniveau. Dieser Zusammenhang zwischen einem produzierten Output und den Kosten wird in der Kosten-Output-Funktion abgebildet. Die Entscheidung der Verwaltung für eine Produktionstechnologie wird im Modell also durch die Kosten-Output-Funktion dargestellt.

Ohne die Verantwortungsabgrenzung gäbe es keine Festlegung auf ein konkretes Produkt. Der Rat würde ständig in die operativen Entscheidungen der Leistungserstellung eingreifen. In einer solchen Konstellation gäbe es weder eine artikulierte Budget-Output-Funktion noch eine gewählte Kosten-Output-Funktion, sondern nur eine Folge von Einzelentscheidungen über Aktivität und Kosten.

Die Verantwortungsabgrenzung als Maßnahme des NSM hat also zunächst im Modell gar keinen Effekt, sondern passt die Kommunalverwaltung organisatorisch an die Struktur des Modells an.

Verantwortungsabgrenzung schafft damit die Voraussetzungen für eine größere Informationsasymmetrie zwischen Rat und Verwaltung. Erst weil der Rat sich dem NSM entsprechend aus der Ausführung heraushält, fehlen ihm verstärkt Informationen über die Kostenstruktur der Verwaltung. Für das Modell hat Verantwortungsabgrenzung die Konsequenz, dass die oben getroffene Annahme einer stärkeren Verhandlungsposition der Verwaltung gegenüber dem Rat gerechtfertigt ist.

5.2.2 Zentraler Steuerungsbereich

Der zentrale Steuerungsbereich kann in dem Grundmodell nicht sinnvoll abgebildet werden. Das ist aber auch nicht erforderlich. Eine Funktion dieses Bereiches ist die Koordination der verschiedenen Verwaltungsteile durch die Schaffung von Rahmenbedingungen für dezentrale Entscheidungen.

Eine andere Funktion ist die Informationsversorgung für Rat und Verwaltungsführung zur Schaffung von Transparenz. Entscheidend an dieser Stelle ist aber nicht die Frage, woher Rahmenbedingungen oder Information kommen, sondern welche Wirkung diese haben. Sowohl die Rahmensetzung als auch die Informationsversorgung beeinflussen die Handlungsmöglichkeiten der Akteure. Das ist aber auch bei konventioneller Organisation der Fall. Der Unterschied ist, dass diese Funktionen dann keiner zusätzlichen organisatorischen Verankerung bedürfen, da die Einhaltung der Rahmenbedingungen und die Informationsbeschaffung über die Hierarchie in zentraler Verantwortung gesteuert werden. Der organisatorische Bereich wird daher erst bei dezentraler Verantwortung in einer komplexen Organisation relevant. Das theoretische Modell abstrahiert aber zunächst von einer komplexen Verwaltungsorganisation. Es wird lediglich eine Einprodukt-Verwaltung ohne einen nach Fachbereichen gegliederten Aufbau angenommen. Es wird sozusagen nur ein Fachbereich isoliert betrachtet. Der zentrale Steuerungsbereich kann daher im vereinfachten Modell vernachlässigt werden.

5.2.3 Kontraktmanagement

Kontraktmanagement bezeichnet die Leistungsvereinbarung zwischen Rat und Verwaltung. In einem Verhandlungsprozess werden die Leistungsanforderungen des Rates und die Leistungsmöglichkeiten der Verwaltung abgestimmt und schließlich in einer Vereinbarung fixiert.

Da das theoretische Modell statisch ist und Prozesse selbst nicht abbildet, kann der Verhandlungsprozess nicht direkt dargestellt werden. Er ist der grafischen Darstellung zeitlich vorgelagert. Die Fixierung des Ergebnisses im Kontrakt entspricht der Entscheidung für eine Leistungsmenge, die in Abhängigkeit von der Zahlungsbereitschaft des Rates mit einem bestimmten Budget verbunden ist. Im Modell wird also nur das Verhandlungsergebnis sichtbar. Dieses ist Ergebnis der Nutzenmaximierung durch den Bürokraten in einer Situation mit ungleicher Verhandlungsmacht und zusätzlichen Handlungsbeschränkungen. Die Verhandlungsmacht der Verwaltung hat zur Folge, dass sich die Verwaltung durchsetzen kann. Das Ergebnis des Modells wird also dadurch erreicht, dass das frei verfügbare Budget der Verwaltung maximiert wird. Die Präferenzen des Rates müssen dazu nicht berücksichtigt werden.

Der Status des Kontraktmanagements als Instrument des NSM, das Rat und Verwaltung nach der Verantwortungsabgrenzung wieder zusammenbringt, bleibt im Modell verborgen. Er muss jedoch im modelltheoretischen Rahmen mitgedacht werden.

5.2.4 Outputsteuerung

Outputsteuerung bedeutet die Umstellung der Steuerung der kommunalen Leistungserstellung von der Inputseite auf die Outputseite. Im Zentrum steht nicht mehr eine Mittelzuweisung, sondern die erwünschte Leistung in Verbindung mit einem Budget.

Bei der bisherigen Modellierung der Elemente des NSM ist bereits deutlich geworden, dass Outputs eine zentrale Rolle spielen. Outputsteuerung bedeutet hier, dass der Rat eine Entscheidung zugunsten einer Budget-Output-Funktion trifft. Er entscheidet nicht einfach über Aktivitäten oder stellt finanzielle Mittel zur Verfügung. Seine Entscheidung und seine Verhandlungsposition enthält explizit die Kombination eines definierten Outputs mit einem definierten Input in Form der Budget-Output-Funktion. Das Element Outputsteuerung ist also ebenfalls bereits im Grundmodell enthalten.

Alle bisher behandelten Elemente des NSM sind im Grundmodell enthalten. Auffällig ist, dass die Elemente des NSM bis zu diesem Punkt also nur die Verwaltung organisatorisch an das theoretische Modell angepasst haben. Im Modell selbst haben die Elemente jedoch keine Veränderung bewirkt. Modelltheoretisch gibt es keinerlei Anhaltspunkte für eine Erhöhung der Effizienz.

Auch die KGSt wies darauf hin, dass Struktur und Instrumentarium nicht ausreichen, um eine leistungsfähige Verwaltung zu schaffen. Die Struktur muss durch Wettbewerb „unter Strom gesetzt werden". (KGSt 1993: 22)

5.2.5   Aktivierung durch Wettbewerb

Mit Wettbewerb bezeichnet die KGSt verschiedene Möglichkeiten, mit denen die kommunale Leistungserstellung einem Vergleich ausgesetzt werden kann. Da für viele kommunale Leistungen kein frei zugänglicher Markt besteht, gibt es auch keinen klassischen Wettbewerbsdruck. (KGSt 1993: 22) Im Vordergrund stehen daher Wettbewerbssurrogate. Diese schaffen für Verwaltungen künstlich Bedingungen, denen Unternehmen auf dem freien Markt natürlich ausgesetzt sind.

Die zahlreichen Wettbewerbsformen lassen sich in zwei Grundformen unterscheiden. Virtueller Wettbewerb hat die Form des Vergleichs von Leistungen nach einheitlichen Kriterien. Die Wirkung bleibt jedoch auf die Information über die eigene Position im Vergleich beschränkt. Daraus kann ein Anreiz zur Positionsverbesserung durch Leistungssteigerung entstehen. (Nullmeier 2005: 111) Faktischer Wettbewerb dagegen eröffnet über die Informationsfunktion des virtuellen Wettbewerbs hinaus Handlungsoptionen für den Auftraggeber. Der Auftraggeber kann nicht nur Auftragnehmer vergleichen, sondern kann sie auch wechseln. Für die Auftragnehmer besteht dann die Gefahr, dass sie aus dem Markt ausgeschlossen werden, wenn sie im Vergleich keine Positionsverbesserung durch Leistungssteigerung erreichen. (Nullmeier 2005: 112)

Wettbewerb als Element des NSM wird im Folgenden in diesen beiden Grundformen betrachtet. Als Beispiel für virtuellen Wettbewerb dient der interkommunale Leistungsvergleich, als Beispiel für faktischen Wettbewerb die öffentliche

Ausschreibung einer kommunalen Leistung. In beiden Fällen werden Pflichtaufgaben der kommunalen Selbstverwaltung zugrunde gelegt.

Der interkommunale Leistungsvergleich

Beim interkommunalen Leistungsvergleich vergleichen sich unterschiedliche Kommunen miteinander. Bezogen auf ein Produkt können z. B. Kennzahlen ausgetauscht werden, die zu Kostentransparenz führen. Der Produktbezug stellt dabei sicher, dass Leistungsumfang und Qualitätsanforderungen mit berücksichtigt werden. Die Komplexität der Produkte und die Heterogenität der Kommunen machen einen exakten Vergleich allerdings unmöglich. Dieser ist auch gar nicht erforderlich. Der interkommunale Leistungsvergleich setzt einzig voraus, dass ein Produkt bereits in einer vorangegangenen Periode von verschiedenen Verwaltungen in ähnlicher Form erstellt wurde. Produktdetails können zunächst vernachlässigt werden. Zu dieser Leistungserstellung müssen Informationen in Form von Kennzahlen erhoben worden sein, die Qualität und Quantität der Leistung mit Kosten in Beziehung setzen. Auch in Kennzahlen muss sich das Prinzip der Outputsteuerung ausdrücken. Diese Kennzahlen können z. B. Kosten pro produzierter Einheit, Kosten pro Einwohner, Wartezeit im Bürgeramt, Bearbeitungszeit pro Fall usw. sein.

Im Modell ändert sich durch die Kennzahlen die Wissensbasis der Akteure (A6). Der Rat kennt durch den interkommunalen Leistungsvergleich bereits vor den Verhandlungen mit der Verwaltung weitere mögliche Budget-Output-Entscheidungen in anderen Gemeinden. Zwar ist auch in den Vergleichsgemeinden von ineffizienter Produktion auszugehen. Es ist aber ausreichend, unterschiedliche Grade der Ineffizienz anzunehmen, die auch zufällig entstehen können. Der Rat weiß dann, dass andere Verwaltungen eine ähnliche Leistung zu niedrigeren oder auch höheren Preisen erstellen. Sobald der Rat erfährt, dass eine ungefähr vergleichbare Leistung zu einem geringeren Budget erstellt werden kann als die Verwaltung es anbietet, kann er Rückschlüsse auf die Kosten ziehen. Das Verhältnis vom Rat zur Verwaltung ändert sich. Die Höhe der Kosten der eigenen Verwaltung ist in den Verhandlungen der zweiten Periode zumindest rechtfertigungsbedürftig. Die Ursachen der unterschiedlichen Kosten können hinterfragt werden. Da die genaue Untersuchung in der Verhandlung betrieben werden kann, müssen Kennzahlen Details der Leistungserstellung nicht abbilden.

Bereits ein einfaches Kennzahlensystem kann die Informationsfunktion erfüllen. Einige Ursachen werden nicht von der eigenen Verwaltung zu beeinflussen sein. Andere werden jedoch in deren Entscheidungsspielraum liegen. Beeinflussbare Kostenunterschiede würden vom Rat nicht akzeptiert werden. Ohne kostengünstigere Möglichkeiten der Leistungserstellung zu kennen, weiß der Rat, dass es eine kostengünstigere Lösung gibt. Diese zu finden ist unter der Voraussetzung der Verantwortungsabgrenzung Aufgabe der Verwaltung selbst. Der Rat wird dies einfordern. Die Berechtigung zieht er aus den Informationen aus dem Leistungs-vergleich.

Durch die Information aus dem Leistungsvergleich wird auch die starke Ver-handlungsposition der Verwaltung aufgebrochen. Da mögliche Kostenkurven nun für beide Verhandlungspartner transparent sind, ist eine der Bedingungen für die Macht des Büros in Niskanen Theorie nicht mehr gegeben. Der inter-kommunale Leistungsvergleich kann als Kontrollmöglichkeit im Sinn von Bre-ton/Wintrobe angesehen werden. (vgl. Kap. 4.3) Jetzt werden auch die Interes-sen des Rates relevant. Im Rahmen der NPÖ kann angenommen werden, dass gewählte Vertretungen ihren Nutzen erhöhen können, indem die Leistungsmen-ge erhöht wird. Analog zu den Annahmen über Bürokraten tritt Nutzensteige-rung auch ein, wenn die frei verfügbaren Mittel der gewählten Vertretung erhöht werden. (Erlei/Leschke/Sauerland 2007: 359f) Beide Ziele stehen im Konflikt mit der angenommenen Maximierungsgröße des Verwaltungschefs. Der Rat wird also versuchen, das frei verfügbare Budget der Verwaltung zu minimieren. Er wird von der Verwaltung eine Vereinbarung fordern, nach der der gleiche Output zu einem geringeren Budget erstellt wird. Es wird also nun vom Rat eine Budget-Output-Kombination vorgegeben. Die Verwaltung muss dem Rat in der Verein-barung zumindest entgegenkommen. In der Abb. 12 wird diese neue Verhand-lungsposition des Rates durch eine Abflachung der Zahlungsbereitschaft deut-lich. Das entspricht einer prozentualen Verringerung der Zahlungsbereitschaft für jede mögliche Outputmenge. Gleichzeitig bleibt die Leistungsmenge bei dem Stand der Vorperiode fixiert.

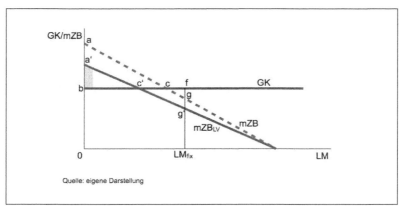

Quelle: eigene Darstellung

Abb. 12: NSM: Interkommunaler Leistungsvergleich

Das Budget der Verwaltung ist im Vergleich zur Vorperiode gesunken. Es entspricht nur noch der Fläche 0-a'-g'-LM_{fix} gegenüber 0-a-g-LM_{fix} in der Vorperiode. Bei gleichbleibender Outputmenge stehen der Verwaltung also geringere Ressourcen zur Verfügung.

Es gibt nun zwei Strategien für die Verwaltung, um den Budgetverlust zu kompensieren. Im Rahmen der ersten Strategie werden Teile des vorher frei verfügbaren Budgets für die Produktion der vereinbarten Leistung eingesetzt. In der Folge wird die Ineffizienz aus Sicht des Rates abgebaut. Das frei verfügbare Budget des Rates entspricht in Abb. 12 dann nur noch der Differenz der Flächen a'-b-c' und c'-f-g' (grau). Diese Strategie ist allerdings nur begrenzt einsetzbar. Das Gesamtbudget muss ja die Gesamtkosten decken. Ein Verhandlungsergebnis zwischen Rat und Verwaltung mit niedrigerem Budget bei gleichbleibender Outputmenge ist daher nur bis zu dem Punkt möglich, an dem jede Ineffizienz beseitigt ist. In Abb. 12 entspricht dies einer Absenkung der Zahlungsbereitschaft des Rates bis die Fläche des frei verfügbaren Budgets (grau) verschwunden ist. Strukturell entspricht diese Situation dem Ergebnis in Niskanens ursprünglichem Modell.

Die andere Strategie der Verwaltung kann sein, die Kostenstruktur durch eine Veränderung der Leistungserstellung selbst anzupassen. Die dazu erforderlichen Informationen kann die Verwaltung im Erfahrungsaustausch mit Verwaltungen bekommen, die im Leistungsvergleich besser abgeschnitten haben. Möglichkeiten können günstigerer Einkauf oder Optimierung von Arbeitsabläufen sein. Solche Maßnahmen könnten in der Abb. 12 durch eine Verschiebung der Grenzkostenkurve nach unten dargestellt werden. Das ist zwar bei Niskanen nicht vorgesehen, wäre jedoch mit den hier verwendeten Grundannahmen der Theorie vereinbar. Der Informationsstand der Akteure kann sich verändern. Weil die Verwaltung über besseres Wissen zu Produktionsmöglichkeiten verfügt, sinken die Gesamtkosten. In Verbindung mit der verringerten Zahlungsbereitschaft des Rates führt die Absenkung der Kostenkurve wieder zu einer Vergrößerung des frei Verfügbaren Budgets. Unter der Annahme, dass Bürokraten das frei verfügbare Budget maximieren, würde zumindest langfristig tatsächlich diese Strategie gewählt.

Interkommunaler Leistungsvergleich kann im theoretischen Modell also unter Umständen eine Verbesserung der Effizienz in der Bereitstellung bewirken. Das ist der Fall, wenn die Kostenkurve nicht gesenkt werden kann. Budgetverluste werden dann ausgeglichen, indem in der Vorperiode frei verfügbares Budget für die Leistungserstellung eingesetzt wird. Wenn die Kostenkurve gesenkt werden kann, verringert sich das frei verfügbare Budget der Verwaltung jedoch nicht. Effizienzgewinne können trotzdem über die Anpassung der Art der Leistungserstellung erreicht werden. In beiden Fällen ergeben sich Einsparungen bei gleicher Leistungsmenge, also eine Verbesserung der Effizienz. Der Effekt tritt bei jeder

Absenkung der Zahlungsbereitschaft bei gleichzeitiger Fixierung der Output-menge ein.

An dieser Stelle stellt sich die Frage, ob die Abflachung der Zahlungsbereitschaft durch den Rat nicht einer pauschalen Budgetkürzung gleichkommt. Der Unterschied besteht aber darin, dass sich die Budgetkürzung in Folge des interkommunalen Leistungsvergleichs auf Leistungen beschränkt, bei denen durch einen Vergleich tatsächlich Einsparungsmöglichkeiten aufgedeckt wurden. Die Verbesserungspotentiale werden durch Kommunikation zwischen den Verwaltungen gehoben. Das bedeutet aber nicht, dass interkommunale Leistungsvergleiche nur eine Angelegenheit von Verwaltungen sind. Der Druck zur Veränderung kann nur in der Verhandlung zwischen Rat und Verwaltung aufgebaut werden. Der interkommunale Leistungsvergleich ist daher auf die Verantwortungsabgrenzung zwischen Rat und Verwaltung sowie auf Kontraktmanagement angewiesen.

Die öffentliche Ausschreibung

Bei einer öffentlichen Ausschreibung ist die Leistungserstellung nicht nur durch die Verwaltung möglich. Auch externe Leistungsanbieter können sich um den Auftrag bewerben.[13] Die Verwaltung ist dann nicht mehr Monopolanbieter der vom Rat nachgefragten Leistung. Der Rat bleibt jedoch Monopolnachfrager. Den Bürgern als Leistungsabnehmer wird durch die Ausschreibung keine Wahlmöglichkeit auf dem Markt eröffnet, es wird lediglich ein Produzentenmarkt für den Rat geschaffen. (Nullmeier 2005: 115) In diesem Fall ist wieder die monopolistische Verhandlungsmacht der Verwaltung gebrochen. Der Rat verfügt zum einen über zusätzliche Informationen hinsichtlich möglicher Kostenstrukturen. Sie können mit Hilfe der Angebote anderer Anbieter geschätzt werden. Zum anderen kann der Rat zwischen den Anbietern wählen. Er wird in dieser Situation den Anbieter auswählen, der die gewünschte Leistungsmenge mit dem niedrigsten Budget erstellen kann.[14]

---

[13] Externe Anbieter können in diesem Fall nur andere öffentliche Anbieter sein. Eine gemischte Ausschreibung an öffentliche und private Stellen ist im deutschen Vergaberecht nicht vorgesehen. Theoretisch ist diese Form aber auch möglich. (Nullmeier 2005: 115)

[14] Im Rahmen der Entscheidungsfindung durch den Rat tritt allerdings ein Problem auf. Dem Rat liegen zwar die Angebote der Anbieter vor, er hat jedoch keine sicheren Informationen über das Verhalten der Verwaltung bzw. der externen Anbieter in der Zukunft. In der Verhandlung können andere Verhaltensweisen vorgetäuscht werden als schließlich erbracht werden. Dieses Problem ist auch Gegenstand der Principal-Agent-Theorie. Siehe dazu z. B. Lane 2005.

Die Rekonstruktion an diesen Beispielen macht deutlich, dass Vergleiche nur eine Wirkung auf die Effizienz entfalten können, wenn durch die Informationen die Verhandlungssituation zwischen Rat und Verwaltung beeinflusst wird. Erst wenn die Verhandlungsmacht der Verwaltung abgebaut wird, kann der Rat im Kontraktmanagement gegensteuern. Die Informationen aus den interkommunalen Vergleichen dürfen also nicht nur den Verwaltungen zugänglich sein.[15] Also ist nicht nur die durch das NSM aufgebaute Struktur mit Verantwortungsabgrenzung zwischen Rat und Verwaltung auf Wettbewerb angewiesen. Umgekehrt ist auch die Wirkung von Wettbewerb auf Verantwortungsabgrenzung angewiesen. Jetzt wird deutlich warum das NSM ein Bedingungszusammenhang ist. Alle Elemente des NSM sind gegenseitig aufeinander angewiesen.

Insbesondere der Wettbewerb ist nicht nur ein unterstützendes Element (so z. B. John-Koch 2005: 367, Holtkamp 2000: 118), sondern unverzichtbarer Bestandteil des NSM. (so z. B. Nullmeier 2005: 111)

Mit den Formen des Wettbewerbs sind jedoch auch Kosten verbunden. Diese werden im nächsten Kapitel untersucht.

5.3   Wettbewerb aus der Sicht der Transaktionskostentheorie

Bereits die KGSt hat in ihren Berichten auf Kosten des Wettbewerbs hingewiesen. Aus Sicht der KGSt entstehen Transaktionskosten „bei jedem intern oder extern vergebenen Auftrag" (KGSt 1996a: 19). Die KGSt weist auch darauf hin, dass diese Kosten nicht unberücksichtigt bleiben dürfen, da sie so erheblich sein können, dass sich eine Vergabe eines Auftrages nicht lohnt. (KGSt 1996a: 43) Auch die Evaluationsstudien nehmen das Problem auf und weisen darauf hin, dass Leistungsvergleiche neben Implementationskosten auch im laufenden Betrieb Transaktions- und Opportunitätskosten verursachen. (Kuhlmann 2004a: 380) Später wird der Einsparerfolg des NSM unter Berücksichtigung der Reformkosten insgesamt in Zweifel gezogen. (Bogumil et al 2007: 89) Das Problem ist also, dass Effizienzgewinne durch Reformkosten aufgezehrt werden können. Das entwickelte Modell muss daher um eine Kostenbetrachtung ergänzt werden.

Die Kosten können nach ihrer Art differenziert werden. Implementationskosten sind einmalige Kosten, die kurzfristig zu höheren Gesamtkosten führen, sich jedoch langfristig amortisieren, wenn durch die Implementation der Reformen Effizienzgewinne erreicht werden können. Sie werden deshalb hier nicht weiter behandelt. Berücksichtigt und als Transaktionskosten bezeichnet werden nur laufende Kosten, die direkt mit dem Wettbewerb verbunden sind. Da nicht anzunehmen ist, dass diese Kosten proportional zur Produktionsmenge ansteigen, sondern von der Zahl der Produkte bzw. Verträge abhängen, können diese Kos-

---

[15]   Zu den Schwierigkeiten der Einbindung von Kommunalpolitikern siehe Kuhlmann 2004b: 106.

ten nicht in das oben aufgestellte marginalanalytische Modell integriert werden. Sie werden in einer getrennten Darstellung betrachtet.

Der interkommunale Leistungsvergleich und Transaktionskosten

Die Kosten für interkommunale Leistungsvergleiche entstehen in erster Linie durch die Erhebung der relevanten Informationen für die Kennzahlen. (Kuhlmann 2004b: 111) Die Informationskosten können in Form einer Grenzkostenkurve dargestellt werden. (vgl. Breton/Wintrobe 1975: 199) Jede weitere Information zu einem bestimmten Produkt verursacht Kosten (A6). Je detaillierter die Informationen sein sollen, desto größer wird der Erhebungsaufwand sein. Es wird hier also von einer steigenden Grenzkostenfunktion für Information ausgegangen. Der Nutzen der Information besteht in der durch sie ermöglichten Effizienzsteigerung (s. Kap. 5.2.5). Sie wird kontinuierlich abnehmen. (vgl. Breton/Wintrobe 1975: 200) Je effizienter eine Organisation wird, desto weniger Effekte können mit einer zusätzlichen Information erzielt werden. Der Grenznutzen der Information nimmt also ab. Abb. 13 zeigt dieses Verhältnis.

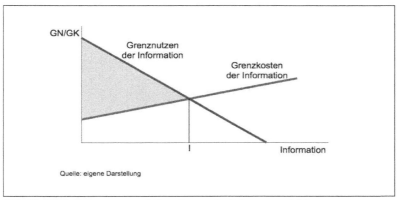

Abb. 13: NSM: Grenznutzen und Grenzkosten des Leistungsvergleichs

Die Effizienzgewinne sind durch die Fläche unterhalb der Nutzenkurve bis zum jeweiligen Informationsniveau dargestellt. Die Kosten entsprechen der Fläche unter der Kostenkurve bis zum jeweiligen Informationsniveau. Die tatsächlichen Einsparungen entsprechen dann der Differenz. Für das Informationsniveau I ist das die grau unterlegte Fläche.

Grafisch wird deutlich, dass eine Ausweitung der Informationen für einen Leistungsvergleich sich nur bis zu dem Punkt lohnt, an dem Grenzkosten und

Grenznutzen sich entsprechen. (vgl. Breton/Wintrobe 1975: 200) Weitere Informationsbeschaffung könnte zwar auch Ineffizienz weiter abbauen, diese werden aber durch die Informationskosten aufgezehrt. Das Potential des interkommunalen Leistungsvergleichs im Rahmen des NSM findet an dieser Stelle eine Grenze.

Die öffentliche Ausschreibung und Transaktionskosten

Die Kosten für Ausschreibungen fallen für die Vorbereitung, die Angebotsauswahl und die spätere Vertragsvereinbarung an. In der internationalen transaktionskostenorientierten Forschung wird darauf hingewiesen, dass mit solchen Verträgen ein Problem auftritt. Dem Rat liegen zwar die Angebote der Anbieter vor, er hat jedoch keine sicheren Informationen über das Verhalten der Verwaltung bzw. der externen Anbieter in der Zukunft. In der Angebotsphase und in den Verhandlungen können andere Verhaltensweisen vorgetäuscht werden als schließlich erbracht werden. Ausschreibungsverträge sind also bestimmten Risiken ausgesetzt. Der Rat als Auftraggeber müsste zur Vermeidung des Risikos die Auftragnehmer überwachen. (Brown/Potoski 2003: 278) Es fallen Transaktionskosten an. Die Kosten für die Überwachung variieren mit der Höhe des Risikos. Faktoren, die das Risiko erhöhen, können z. B. hohe Faktorspezifität, schlechte Messbarkeit der Ergebnisse, Zielkonflikte zwischen Auftragnehmer und –geber sowie fehlende Marktkonkurrenz (Brown/Potoski 2003: 227f) aber auch ausschweifende Kosten, Abhängigkeitsverhältnisse oder fehlende Integrität des Transaktionspartners sein (Williamson 1999: 338). Steigen die Kosten für die Ausschreibung oder die Überwachung zu stark an, dann ist eine Ausschreibung nicht mehr lohnend.

Kosten für Ausschreibung und Überwachung fallen jedoch bei jedem Vertag an. Im Kontext des NSM ist insbesondere an das Kontraktmanagement zu denken. Ein Kontrakt zwischen Rat und Verwaltung ist nichts anderes als ein Vertrag. Das Verhältnis von Rat und Verwaltung wird durch Verantwortungsabgrenzung und Kontraktmanagement ja gerade als Verhältnis zwischen Auftragnehmer und -geber bestimmt. Es treten in diesem Verhältnis also die gleichen Probleme auf. Entscheidend für die Frage, ob sich eine Ausschreibung lohnt oder nicht, ist also ein Vergleich der Transaktionskosten der Ausschreibung mit den Transaktionskosten eines internen Kontraktes. Diese Entscheidung entspricht strukturell der Wahl der optimalen Organisationsform in der klassischen Transaktionskostentheorie. (vgl. Kap. 4.4 und Erlei/Leschke/Sauerland 2007: 212) Das Transaktionskostenproblem der öffentlichen Ausschreibung lässt sich analog darstellen.

Die öffentliche Ausschreibung einer Leistung durch den Rat entspricht der Abwicklung einer Transaktion über den Markt. Davon zu unterscheiden ist die Abwicklung der Transaktion über die Hierarchie der eigenen Verwaltung ohne NSM. Die hybride Organisationsform ist in diesem Kontext die Abwicklung der

Transaktion in der eigenen Verwaltung über Kontraktmanagement. Obwohl das Verhältnis von Rat und Verwaltung durch Kontraktmanagement dem Verhältnis von Auftraggeber und Auftragnehmer auf Märkten angenähert wird, gibt es zwei wesentliche Unterschiede. Erstens ist die Verwaltung durch dauernde Kooperation enger an den Rat gebunden als es externe Anbieter sein können. Deutlich wird das z. B. in den allgemeinen Rahmenvereinbarungen, die in internen Kontrakten enthalten sind. Sie müssen nicht bei jeder Transaktion neu ausgehandelt werden. Zweitens bleibt trotz der neuen Steuerung über Kontrakte die formale Beziehung zwischen Rat und Verwaltung erhalten. Der Rat kann also bei Bedarf auf dieses Verhältnis zurückgreifen. Es kann daher davon ausgegangen werden, dass die Transaktionskosten für internes Kontraktmanagement zwischen den Kosten für Koordination auf Märkten und den Kosten in Hierarchien liegen.

Ohne die Einflussfaktoren für Transaktionskosten kommunaler Leistungen genau zu bestimmen, lässt sich vereinfacht sagen, dass die Höhe der Transaktionskosten vom Risiko der Transaktion abhängt. Wenn kein Risiko vorliegt, sind die Transaktionskosten einer Ausschreibung sehr gering. Die Organisationskosten der Hierarchie sind höher und die Transaktionskosten des internen Kontraktmanagements sind dazwischen anzusetzen. Mit zunehmendem Risiko steigen die Transaktionskosten immer stärker an. Im Fall der Ausschreibung ist der Anstieg am stärksten. In der Hierarchie steigen die Kosten am langsamsten. Die Transaktionskosten des internen Kontrakts nehmen wieder einen Zwischenwert an. Grafisch lässt sich dieser Zusammenhang in Anlehnung an die klassischen Transaktionskostenfunktionen wie in Abb. 14 darstellen.

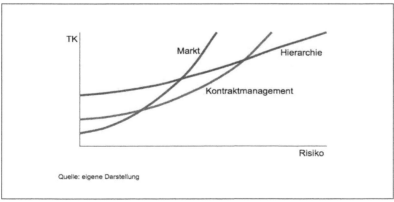

Abb. 14: NSM: Transaktionskostenfunktionen

Es wird jetzt deutlich, dass die Transaktionskosten in Abhängigkeit vom Risiko nur über die Wahl der geeigneten Organisationsform minimiert werden können. Mögliche Einsparungen durch Wettbewerb werden also unter Umständen nicht nur durch die Transaktionskosten aufgezehrt, die durch die Nutzung des Marktes entstehen. Es kann sich sogar zeigen, dass die Ausschreibung selbst mehr Transaktionskosten verursacht als eine interne Abwicklung. Die Identifizierung des internen Kontraktmanagements als hybride Organisationsform zwischen Markt und Hierarchie macht deutlich, dass diese Form aus transaktionskostentheoretischer Sicht nicht immer optimal ist. Die Wahl der Organisationsform ist abhängig von den Risiken, die mit einer Leistung verbunden sind.

Durch das Kontraktmanagement des NSM soll die Koordination jedoch durchgehend auf Zielvereinbarungen umgestellt werden. (KGSt 1998: 3) Es ist dann möglich, dass die Erstellung einer Leistung über Zielvereinbarungen gesteuert wird, die unter der Berücksichtigung von Transaktionskosten effizienter durch Einzelanweisungen in Hierarchien gesteuert werden könnte. Die komparativen Vorteile müssen jedoch für jedes Produkt einzeln geprüft werden. Die Steuerungsmechanismen des NSM finden auch an dieser Stelle aus theoretischer Sicht eine Grenze.

Ein abschließendes Kapitel blickt auf die theoretische Analyse zurück und stellt Konsequenzen für Theorie und Praxis des Neuen Steuerungsmodells vor.

6   Fazit

(1)   Das NSM kann in einem Bürokratiemodell in der Tradition von Niskanen dargestellt werden. Die Annahmen über Akteure und Strukturen, wie sie von Niskanen gemacht werden, sind mit dem Kontext der kommunalen Selbstverwaltung vereinbar, wie er von der KGSt skizziert wird. In einen so modellierten Kontext lassen sich die Elemente des NSM integrieren. Eine Analyse und Fundierung der Wirkungsmechanismen des NSM im vorgestellten Theorierahmen ist also grundsätzlich möglich. Die Anwendung des Modells auf die deutsche kommunale Selbstverwaltung macht aber auch Anpassungen erforderlich. Da die kommunale Ebene in vielen Bereichen der Aufsicht und Weisung der Länder unterliegt, sind die Entscheidungsspielräume von Rat und Verwaltung eingeschränkt. Die Outputmengen bei Pflichtaufgaben und pflichtigen Selbstverwaltungsaufgaben werden nicht allein in den Verhandlungen zwischen Rat und Verwaltung festgelegt. Aus theoretischer Sicht unterliegen die Handlungen der Akteure zusätzlichen Restriktionen. Diese können im theoretischen Modell durch die Annahme fixierter Outputmengen nachvollzogen werden. Aussagen über den strukturellen Zusammenhang von Budget, Kosten und Effizienz bleiben möglich. Die Vereinbarkeit des Theorierahmens mit dem NSM lässt jedoch keinen Schluss auf die Vereinbarkeit des NSM mit den Gegebenheiten der kommunalen Selbstverwaltung zu.

(2)   Das Modell von Niskanen und die hier vorgestellte Anwendung haben einen sehr hohen Abstraktionsgrad. Die unterschiedlichen institutionellen Grundlagen in den Gemeindeordnungen wurden zu einer Gegenüberstellung von Rat und Verwaltung vereinfacht. Sowohl beim Rat als auch bei der Verwaltung wurde von den internen Prozessen abstrahiert. Eine nach Gemeindeordnungen differenzierte Betrachtung sowie die Einbeziehung der Innenperspektive kann nach dem Prinzip der abnehmenden Abstraktion wirklichkeitsnähere Aussagen über das Verhalten dieser Akteure ermöglichen. Im Fall des Rates sind unterschiedliche Interessenlagen der Ratsmitglieder, deren Abhängigkeit von den Wählern und parteipolitische Einflüsse zu berücksichtigen. Im Fall der Verwaltung ist die Innenperspektive von besonderer Bedeutung, da hier die Leistungserstellung stattfindet. Die Verwaltung ist in den Beziehungen von Verwaltungschef zu Fachbereichsleitern bzw. von Fachbereichsleitern zu Mitarbeitern strukturell mit ähnlichen Problemen konfrontiert, wie sie in der Beziehung von Rat zu Verwaltung auftreten. Das NSM richtet sich mit Verantwortungsabgrenzung und Kontraktmanagement ganz explizit auch an den verwaltungsinternen Aufbau. Darüber hinaus kann die Analyse um die Lieferanten für Produktionsfaktoren und die Leistungsabnehmer, die für einige Produkte einen Preis bezahlen, erweitert werden. Der Vorteil des hohen Abstraktionsgrades besteht jedoch darin, dass die

grundlegenden Zusammenhänge und Wirkungsmechanismen aufgedeckt werden konnten.

(3) Das Basismodell von Niskanen kann die Kosten, die mit den Mechanismen des NSM verbunden sind, nicht abbilden. Es musste daher um eine weitere Theorieperspektive erweitert werden. Mit der Einbeziehung von Transaktionskosten sind Aussagen zu den Grenzen des NSM möglich. In diesem Bereich können weitere Überlegungen folgen. Es ist zu klären, von welchen Eigenschaften typischer Transaktionen in Kommunalverwaltungen die Höhe der Transaktionskosten genau abhängt. Im zweiten Schritt muss untersucht werden, wie die unterschiedlichen Organisationsformen die Höhe der Transaktionskosten beeinflussen. (vgl. Williamson 1999: 311)

(4) Nur geringe Beachtung findet im vorgestellten Modell der Verhandlungsprozess zwischen Rat und Verwaltung. Die Ergebnisse dieser Verhandlungen sind jedoch von entscheidender Bedeutung für die Höhe der Outputmenge, das vereinbarte Budget und in der Folge für Effizienz oder Ineffizienz. Dieser Prozess und seine Rahmenbedingungen sollten daher genauer analysiert werden. Zu berücksichtigen sind dabei das Verhältnis des Rates als Auftraggeber zur Verwaltung als Auftragnehmer und die daraus entstehenden Probleme. Ein Beispiel ist die Dissonanz zwischen der vereinbarten Outputmenge und der tatsächlichen Aktivität des Auftragnehmers. Diese Problematik ist z. B. Gegenstand der Principal-Agent-Theorie. Darüber hinaus unterliegen die Verhandlungen in dieser Struktur besonderen politischen Rahmenbedingungen. Zu nennen sind hier Legitimitätsforderungen, die angesprochenen Restriktionen für kommunalpolitisches Handeln bezüglich der Leistungserstellung und die spezifischen Anreize, die durch politischen Wettbewerb entstehen. Diesem müssen sich sowohl die Ratsmitglieder als auch der Bürgermeister aussetzen. Ein lohnender Ansatz könnte es sein, die Erkenntnisse aus der Anwendung der Principal-Agent-Theorie auf Kommunalreformen von Jan-Erik Lane (2005) auch für die Besonderheiten des NSM fruchtbar zu machen.

(5) Das NSM kann als Beitrag zur effizienzorientierten Steuerung in der kommunalen Selbstverwaltung angesehen werden. Ineffizienz kommt aus der hier gewählten theoretischen Perspektive dadurch zustande, dass die Verwaltung für eine Leistung gegenüber dem Rat ein Budget durchsetzen kann, das die tatsächlichen Kosten übersteigt. Die Analyse der Elemente des NSM hat gezeigt, dass sich das Maß der Ineffizienz, also der Budgetüberschuss, verringern lässt. Das NSM verbessert die Informationslage des Rates, so dass die starke Verhandlungsposition der Verwaltung beseitigt wird. In dieser veränderten Verhandlungssituation kommen die Akteure zu einer Vereinbarung über Budget und Output, die mit geringerer Ineffizienz verbunden ist. Die gleiche Leistung wird dann mit einem geringeren Output produziert. Der Kern des Wirkungsmechanismus des

NSM ist die Veränderung der Informationsbasis der Akteure, die über ein Budget für einen bestimmten Output verhandeln.

(6)   Das NSM ist ein Bedingungszusammenhang. Die Elemente des NSM sind keine unverbunden nebeneinander stehenden Reformelemente. Sie sind gegenseitig aufeinander angewiesen, um eine Wirkung erzielen zu können. Der Wirkungsmechanismus ist in der Rekonstruktion nicht an einzelne Elemente gebunden, sondern nur an das Gesamtmodell. Der Wettbewerb hat dabei eine herausgehobene Stellung. Erst durch diesen Kontext verändert sich die Informationsbasis der Akteure. Wettbewerb allein bietet aber keinen Anreiz zur Leistungssteigerung. Die Verwaltung kann sich Effizienzgewinne nicht als persönliches Einkommen aneignen. Wettbewerb ist daher auf die anderen Elemente des NSM angewiesen. Verantwortungsabgrenzung, Kontraktmanagement und Outputsteuerung schaffen die Rahmenbedingungen für Effekte des Wettbewerbs auf die Effizienz. Sie schaffen eine Verhandlungssituation, in welcher der Rat ein Interesse daran hat, die Verwaltung zu effizienterer Leistungserstellung zu verpflichten und zu kontrollieren. Wettbewerb steigert aus theoretischer Perspektive die Effizienz nur, wenn die Kommunalverwaltung durch andere Elemente des NSM an die Struktur des theoretischen Modells angepasst wird.

(7)   Das NSM führt nicht zwingend zu Effizienzsteigerungen. Da die Mechanismen des NSM selbst Kosten verursachen, sind den Möglichkeiten des NSM Grenzen gesetzt. Effizienzsteigerungen können durch Kostensteigerungen aufgezehrt werden. Die Implementation des NSM führt dann zum Gegenteil der intendierten Wirkung. Daraus folgt, dass Ineffizienz nicht vollständig vermieden werden kann. Zwar ist es möglich, das für die Verwaltung frei verfügbare Budget im Grenzfall auf null zu reduzieren, dafür müssen aber die Transaktionskosten für den Wettbewerb getragen werden. Die Einsparung von Transaktionskosten lässt anders herum ein höheres frei verfügbares Budget für die Verwaltung zu. Mit dieser Einschränkung bietet das NSM keine Garantie für Effizienzsteigerungen. Es ist eine sinnvolle Erweiterung der möglichen Steuerungsmodi für die kommunale Selbstverwaltung.

(8)   Die Aufdeckung des Wirkungsmechanismus des NSM ist ein Grundstein für weitere Forschungen zum NSM. Erstens können ergänzende Elemente des NSM, wie z. B. die Anpassung der Vergütungssysteme oder Verwaltungscontrolling und Monitoring als weitere Formen des Wettbewerbs, im vorgestellten Theorierahmen analysiert werden. Auf diese Weise kann eine theoretisch fundierte Sammlung von Instrumenten für die Steuerung der kommunalen Selbstverwaltung entstehen. Dieses Instrumentarium kann den Bedingungen der jeweiligen Kommune als auch den einzelnen Leistungen entsprechend flexibel eingesetzt werden. Zweitens kann die Wirkung des NSM einer differenzierteren empirischen Überprüfung unterzogen werden, die die Lücke zwischen dem Reformprogramm und den beobachtbaren Effekten verkleinert. Das Scheitern des NSM

kann nur festgestellt werden, wenn die Voraussetzungen des theoretischen Wirkungsmechanismus tatsächlich vollständig implementiert wurden und trotzdem keine Auswirkung auf die Effizienz eingetreten ist. Die theoretische Analyse der Wirkungsmechanismen gibt in diesem Sinn Hinweise für ein neues Evaluationsprogramm. Ob das NSM gescheitert ist, kann noch nicht beurteilt werden. Diese Frage kann auf der Basis der theoretischen Begründung des Wirkungsmechanismus erst richtig gestellt werden.

Literaturverzeichnis

Banner, Gerhard, 2008: Logik des Scheiterns oder Scheitern an der Logik? In: der moderne staat - Zeitschrift für Public Policy, Recht und Management, H. 2, S. 447–455.

Banner, Gerhard; Reichard, Christoph (Hg.), 1993: Kommunale Managementkonzepte in Europa - Anregungen für die deutsche Reformdiskussion. Deutscher Gemeindeverlag, Köln.

Bartling, Hartwig; Luzius, Franz, 2008: Grundzüge der Volkswirtschaftslehre - Einführung in die Wirtschaftstheorie und Wirtschaftspolitik. 16., verb. und erg. Aufl. Vahlen, München.

Beyer, Lothar; Kinzel, Hans Georg, 2005: Öffentliches Rechnungswesen: Kameralistik oder Doppik? In: Blanke, Bernhard et al. (Hg.): Handbuch zur Verwaltungsreform. 3., völlig überarb. und erw. Aufl. VS Verlag, Wiesbaden, S. 351–360.

Blankart, Charles B., 2006: Öffentliche Finanzen in der Demokratie - Eine Einführung in die Finanzwissenschaft. 6., völlig überarb. Aufl. Vahlen, München.

Bogumil, Jörg, 2001: Modernisierung lokaler Politik - Kommunale Entscheidungsprozesse im Spannungsfeld zwischen Parteienwettbewerb, Verhandlungszwängen und Ökonomisierung. 1. Aufl. Nomos, Baden-Baden.

Bogumil, Jörg; Grohs, Stephan; Kuhlmann, Sabine, 2006: Ergebnisse und Wirkungen kommunaler Verwaltungsmodernisierungen in Deutschland - Eine Evaluation nach zehn Jahren Praxiserfahrung. In: Bogumil, Jörg; Jann, Werner; Nullmaier, Frank (Hg.): Politik und Verwaltung. VS Verlag, Wiesbaden, S. 151–184.

Bogumil, Jörg et al, 2007: Zehn Jahre neues Steuerungsmodell - Eine Bilanz kommunaler Verwaltungsmodernisierung. Ed. Sigma, Berlin.

Bogumil, Jörg; Holtkamp, Lars, 2006: Kommunalpolitik und Kommunalverwaltung - Eine policyorientierte Einführung. 1. Aufl. VS Verlag, Wiesbaden.

Bogumil, Jörg; Holtkamp, Lars; Kißler, Leo, 2004: Modernisierung lokaler Politik - Auswirkungen auf das kommunale Entscheidungssystem. In: Jann, Werner et al (Hg.): Status-Report Verwaltungsreform - Eine Zwischenbilanz nach zehn Jahren. Ed. Sigma, Berlin, S. 64–74.

Bogumil, Jörg; Jann, Werner, 2005: Verwaltung und Verwaltungswissenschaft in Deutschland - Einführung in die Verwaltungswissenschaft. VS Verlag, Wiesbaden.

Bogumil, Jörg; Jann, Werner; Nullmaier, Frank, 2006: Politik und Verwaltung - Perspektiven der politikwissenschaftlichen Verwaltungsforschung. In: Bogumil, Jörg; Jann, Werner; Nullmaier, Frank (Hg.): Politik und Verwaltung. VS Verlag, Wiesbaden, S. 9–26.

Bogumil, Jörg; Schmid, Josef, 2001: Politik in Organisationen - Organisationstheoretische Ansätze und praxisbezogene Anwendungsbeispiele. Leske + Budrich, Opladen.

Borins, Sandford; Grüning, Gernod, 1998: New Public Management - Theoretische Grundlagen und problematische Aspekte der Kritik. In: Budäus, Dietrich; Conrad, Peter; Schreyögg, Georg (Hg.): New Public Management. de Gruyter, Berlin, S. 11–53.

Breton, Albert; Wintrobe, Ronald, 1975: The Equilibrium Size of a Budget-Maximizing Bureau. In: Journal of Political Economy, Jg. 83, H. 1, S. 195–208.

Brinckmann, Hans, 1998: Die neue Freiheit der Universität - Operative Autonomie für Lehre und Forschung an Hochschulen. Ed. Sigma, Berlin.

Brown, Trevor L.; Potoski, Matthew, 2003: Managing Contract Performance: A Transaction Costs Approach. In: Journal of Policy Analysis and Management, Jg. 22, H. 2, S. 275–297.

Budäus, Dietrich; Conrad, Peter; Schreyögg, Georg (Hg.), 1998: New Public Management. de Gruyter, Berlin.

Coase, Ronald H., 1937: The Nature of the Firm. In: Economica, Jg. 16, H. 4, S. 386–405.

Czerwick, Edwin, 2007: Die Ökonomisierung des öffentlichen Dienstes - Dienstrechtsreformen und Beschäftigungsstrukturen seit 1991. 1. Aufl. VS Verlag, Wiesbaden.

Deutscher Städtetag: Die Städte schlagen Alarm: Finanzprobleme spitzen sich dramatisch zu – Hilferuf an Bund und Länder. Pressemitteilung vom 02.02.2010, Berlin. Online verfügbar unter http://www.staedtetag.de/10/presseecke/pressedienst/artikel/2010/02/0 2/00674/index.html, zuletzt geprüft am 02.02.2010, 17:55 Uhr.

Deutscher Städtetag: Städte drohen handlungsunfähig zu werden – Beispielhafte Maßnahmen zur Konsolidierung der Haushalte. Pressemitteilung vom 02.02.2010, Berlin. Online verfügbar unter http://www.staedtetag.de/10/presseecke/pressedienst/artikel/2010/02/0 2/00675/index.html, zuletzt geprüft am 02.02.2010, 17:55 Uhr.

Eichhorn, Peter, 2007: Theoriezugänge zum Öffentlichen Management. In: König, Klaus; Reichard, Christoph (Hg.): Theoretische Aspekte einer managerialistischen Verwaltungskultur. Dt. Forschungsinstitut für Öffentliche Verwaltung, Speyer, S. 111–122.

Erlei, Mathias; Leschke, Martin; Sauerland, Dirk, 2007: Neue Institutionenökonomik. 2., überarb. und erw. Aufl. Schäffer-Poeschel, Stuttgart.

Frey, Bruno S; Kirchgässner, Gebhard, 2002: Demokratische Wirtschaftspolitik - Theorie und Anwendung. 3., neubearb. Aufl. Vahlen, München.

Görlitz, Axel; Burth, Hans-Peter, 1998: Politische Steuerung - Ein Studienbuch. 2., überarb. und erw. Aufl. Leske + Budrich, Opladen.

Holtkamp, Lars, 2000: Kommunale Haushaltspolitik in NRW. Leske + Budrich, Opladen

Holtkamp, Lars, 2008: Das Scheitern des Neuen Steuerungsmodells. In: der moderne staat - Zeitschrift für Public Policy, Recht und Management, H. 2, S. 423–446.

Holtmann, Everhard, 2005: Die öffentliche Verwaltung. In: Gabriel, Oscar W. (Hg.): Handbuch politisches System der Bundesrepublik Deutschland. 3., völlig überarb. und erw. Aufl. Oldenbourg, München, S. 333–371.

Holzinger, Katharina, 2009: Vom ungeliebten Störenfried zum akzeptierten Paradigma? Zum Stand der (Neuen) Politischen Ökonomie in Deutschland. In: Politische Vierteljahresschrift, Jg. 50, H. 3, S. 539–576.

Jann, Werner, 2009: Praktische Fragen und theoretische Antworten: 50 Jahre Policy-Analyse und Verwaltungsforschung. In: Politische Vierteljahresschrift, Jg. 50, H. 3, S. 476–505.

Jann, Werner et al (Hg.), 2004: Status-Report Verwaltungsreform - Eine Zwischenbilanz nach zehn Jahren. Ed. Sigma, Berlin.

John-Koch, Monika, 2005: Nicht-normative Steuerung durch Ziele und Vergleiche - Benchmarking als nationales und europäisches Phänomen. In: Oebbecke, Janbernd (Hg.): Nicht-normative Steuerung in dezentralen Systemen. Steiner, Stuttgart, S. 363–402.

Kegelmann, Jürgen, 2007: New Public Management - Möglichkeiten und Grenzen des Neuen Steuerungsmodells. 1. Aufl. VS Verlag, Wiesbaden.

Kersting, Norbert, 2004: Die Zukunft der lokalen Demokratie - Modernisierungs- und Reformmodelle. Campus, Frankfurt/Main.

KGSt (Hg.), 1992: Wege zum Dienstleistungsunternehmen Kommunalverwaltung. - Fallstudie Tilburg (KGSt-Bericht, 19/1992), Köln.

KGSt (Hg.), 1993: Das Neue Steuerungsmodell - Begründung Konturen Umsetzung (KGSt-Bericht, 5/1993), Köln.

KGSt (Hg.), 1994a: Das Neue Steuerungsmodell - Definition und Beschreibung von Produkten (KGSt-Bericht, 8/1994), Köln.

KGSt (Hg.), 1994b: Verwaltungscontrolling im Neuen Steuerungsmodell (KGSt-Bericht, 15/1994), Köln.

KGSt (Hg.), 1996a: Kommune und Wettbewerb - Erste Überlegungen und Empfehlungen (KGSt-Bericht, 8/1996), Köln.

KGSt (Hg.), 1996b: Das Verhältnis von Politik und Verwaltung im Neuen Steuerungsmodell (KGSt-Bericht, 10/1996), Köln.

KGSt (Hg.), 1996c: Zentrale Steuerungsunterstützung (KGSt-Bericht, 11/1996), Köln.

KGSt (Hg.), 1998: Kontraktmanagement: Steuerung über Zielvereinbarungen (KGSt-Bericht, 4/1998), Köln.

KGSt (Hg.), 2000: Kommunale Leistungen im Wettbewerb (KGSt-Bericht, 12/2000), Köln.

KGSt (Hg.), 2007: Das Neue Steuerungsmodell: Bilanz der Umsetzung (KGSt-Bericht, 2/2007), Köln.

KGSt (Hg.), 2008: Satzung der Kommunalen Gemeinschaftsstelle für Verwaltungsmanagement - vom 12. Mai 1956 in der Fassung vom 29. Mai 2008, Köln.

KGSt, 2009: Wer ist die KGSt? Online verfügbar unter http://www.kgst.de/ueber-uns/, zuletzt geprüft am 11.03.2010; 18:02 Uhr.

Knemeyer, Franz-Ludwig, 1999: Gemeindeverfassungen. In: Wollmann, Hellmut; Roth, Roland (Hg.): Kommunalpolitik - Politisches Handeln in den Gemeinden. 2., völlig überarb. und akt. Aufl. Leske + Budrich, Opladen, S. 104–122.

König, Klaus; Reichard, Christoph (Hg.), 2007: Theoretische Aspekte einer managerialistischen Verwaltungskultur. Dt. Forschungsinstitut für Öffentliche Verwaltung, Speyer.

Kuhlmann, Sabine, 2004a: Evaluation lokaler Verwaltungspolitik: Umsetzung und Wirksamkeit des Neuen Steuerungsmodells in den deutschen Kommunen. In: Politische Vierteljahresschrift, Jg. 45, H. 3, S. 370–394.

Kuhlmann, Sabine, 2004b: Interkommunaler Leistungsvergleich in Deutschland: Zwischen Transparenzgebot und Politikprozess. In: Kuhlmann, Sabine; Bogumil, Jörg; Wollmann, Hellmut (Hg.): Leistungsmessung und -

vergleich in Politik und Verwaltung - Konzepte und Praxis. 1. Aufl. VS Verlag, Wiesbaden, S. 94–120.

Kuhlmann, Sabine, 2006: Hat das "Neue Steuerungsmodell" versagt? - Lehren aus der „Ökonomisierung" von Politik und Verwaltung. In: Verwaltung und Management, H. 2, S. 149–153.

Kunz, Volker, 2004: Rational Choice. Campus, Frankfurt am Main.

Lakatos, Imre, 1982: Die Methodologie der wissenschaftlichen Forschungsprogramme. Vieweg, Braunschweig.

Lane, Jan-Erik, 2005: Public Administration and Public Management - The Principal-Agent Perspective. Routledge, London.

Lange, Stefan, 2008: New Public Management und die Governance der Universitäten. In: der moderne staat - Zeitschrift für Public Policy, Recht und Management, H. 1, S. 235–248.

Lüder, Klaus; Streitferdt, Lothar, 2007: Modelldenken im öffentlichen Management. In: König, Klaus; Reichard, Christoph (Hg.): Theoretische Aspekte einer managerialistischen Verwaltungskultur. Dt. Forschungsinstitut für Öffentliche Verwaltung, Speyer, S. 123–150.

Martiensen, Jörn, 2000: Institutionenökonomik - Die Analyse der Bedeutung von Regeln und Organisationen für die Effizienz ökonomischer Tauschbeziehungen. Vahlen, München.

Mayntz, Renate, 1987: Politische Steuerung und gesellschaftliche Steuerungsprobleme - Anmerkungen zu einem theoretischen Paradigma. In: Ellwein, Thomas (Hg.): Jahrbuch zur Staats- und Verwaltungswissenschaft. Nomos, Baden-Baden, S. 89–110.

Meffert, Heribert, 2005: Marketing - Grundlagen marktorientierter Unternehmensführung; Konzepte, Instrumente, Praxisbeispiele. 9., überarb. und erw. Aufl. Nachdr. Gabler, Wiesbaden.

Miqué, Jean-Luc; Bélanger, Gérard, 1974: Towards a general Theory of Managerial Discretion. In: Public Choice, Jg. 17, S. 27–51.

Mueller, Dennis C, 2008: Public choice III. 8. printing. Cambridge Univ. Press, Cambridge.

Niskanen, William A., 1971: Bureaucracy and Representative Government. 1. paperback printing. Aldine Transaction, New Brunswick, New Jersey, 2007.

Niskanen, William A., 1974: Comment [on Migué/Bélanger 1974]. In: Public Choice, Jg. 17, S. 43–45.

Niskanen, William A., 1975: Bureaucrats and Politicians. In: Journal of Law and Economics, Jg. 18, H. 3, S. 617–644.

Niskanen, William A., 1996: Bureaucracy and Public Economics. 2. ed., Reprinted. Elgar, Cheltenham.

Niskanen, William A., 2001: Bureaucracy. In: Shughart, William F.; Razzolini, Laura (Hg.): The Elgar Companion to Public Choice. Elgar, Cheltenham, S. 258–270.

Nullmaier, Frank, 2005: Wettbewerb und Konkurrenz. In: Blanke, Bernhard et al. (Hg.): Handbuch zur Verwaltungsreform. 3., völlig überarb. und erw. Aufl. VS Verlag, Wiesbaden, S. 108–120.

Osner, Andreas, 2001: Kommunale Organisations-, Haushalts- und Politikreform - Ökonomische Effizienz und politische Steuerung. E. Schmidt, Berlin.

Parkinson, Cyril Northcote, 1957: Parkinsons Gesetz und andere Untersuchungen über die Verwaltung. Tsd. Rowohlt, Reinbek bei Hamburg, 1981.

Reichard, Christoph, 1994: Umdenken im Rathaus - Neue Steuerungsmodelle in der deutschen Kommunalverwaltung. 5., unveränd. Aufl. Ed. Sigma, Berlin.

Röber, Manfred, 2005: Wandel der Verwaltung zwischen Erneuerungselan und Reformmüdigkeit. In: Blanke, Bernhard et al. (Hg.): Handbuch zur Verwaltungsreform. 3., völlig überarb. und erw. Aufl. VS Verlag, Wiesbaden, S. 473–481.

Scharpf, Fritz W, 1973: Verwaltungswissenschaft als Teil der Politikwissenschaft. In: Scharpf, Fritz W.: Planung als politischer Prozeß - Aufsätze zur Theorie der planenden Demokratie. Suhrkamp, Frankfurt am Main, S. 9–32.

Schmidt-Eichstaedt, Gerd, 1999: Autonomie und Regelung von oben. In: Wollmann, Hellmut; Roth, Roland (Hg.): Kommunalpolitik - Politisches Handeln in den Gemeinden. 2., völlig überarb. und akt. Aufl. Leske + Budrich, Opladen, S. 323–337.

Simon, Herbert, 1946: The Proverbs of Administration. In: Public Administration Review, Jg. 6, H. 1, S. 53–67.

Tullock, Gordon, 1965: The Politics of Bureaucracy. Public Affairs Press, Washington.

Varian, Hal R., 2001: Grundzüge der Mikroökonomik. 5., überarb. Aufl. Oldenbourg, München.

Vogel, Rick, 2006: Zur Institutionalisierung von New Public Management - Disziplindynamik der Verwaltungswissenschaft unter dem Einfluss ökonomischer Theorie. Deutscher Universitäts-Verlag, Wiesbaden.

Walter-Rogg, Melanie; Kunz, Volker; Gabriel, Oscar W., 2005: Kommunale Selbstverwaltung in Deutschland. In: Gabriel, Oscar W. (Hg.): Handbuch politisches System der Bundesrepublik Deutschland. 3., völlig überarb. und erw. Aufl. Oldenbourg, München, S. 411–455.

Weiß, Karin, 2002: Das neue Steuerungsmodell - Chance für die Kommunalpolitik? Leske + Budrich, Opladen.

Williamson, Oliver E., 1990: Die ökonomischen Institutionen des Kapitalismus - Unternehmen, Märkte, Kooperationen. Mohr, Tübingen.

Williamson, Oliver E., 1996: Transaktionskostenökonomik. 2. Auflage. Lit, Hamburg.

Williamson, Oliver E., 1999: Public and Private Bureaucracies: A Transaction Cost Economics Perspective. In: Journal of Law, Economics &Organisation, Jg. 15, H. 1, S. 306-342.

Wintrobe, Ronald, 1997: Modern Bureaucratic Theory. In: Mueller, Dennis C. (Hg.): Perspectives on Public Choice - A Handbook. Cambridge Univ. Press, Cambridge, S. 429–454.

In der Schriftenreihe "Politik begreifen" werden Forschungsarbeiten vorgestellt, die sich theoretisch und methodologisch reflektiert mit empirischen und normativen Problemen der Politikwissenschaft auseinandersetzen. Die Beiträge zeichnen sich nicht nur dadurch aus, dass sie gelungene Beispiele für eine theoriegeleitete Analyse politischer Phänomene darstellen und die politikwissenschaftliche Diskussion bereichern, sondern auch durch ihre anregenden Fragestellungen aus allen Teilbereichen der Politikwissenschaft, die auch für ein breitgefächertes Fachpublikum interessant sind.

In der Schriftenreihe *Politik begreifen: Schriften zu theoretischen und empirischen Problemen der Politikwissenschaft* sind bisher erschienen:

Maximilian Kurz:
Drogen, Terror, Öl – Entstehung und Wandel der US-Außenpolitik gegenüber Kolumbien 1999-2003. Eine netzwerkanalytische Betrachtung aus Sicht des neuen Liberalismus
(Band 1)
150 Seiten, 24,90 Euro, 2007
ISBN 978-3-8288-9228-6

Erik Stei:
Gerechtigkeit und politischer Universalismus – John Rawls' Theorie der Gerechtigkeit. Eine kritische Analyse der Rechtfertigungsleistung
(Band 2)
102 Seiten, 24,90 Euro, 2007
ISBN 978-3-8288-9305-4

Andreas Schmidt:
Liberale Theorien des Demokratischen Friedens. Ein Vergleich vor dem Hintergrund der Revolution in Military Affairs
(Band 3)
108 Seiten, 24,90 Euro, 2007
ISBN 978-3-8288-9324-5

Gregor Schäfer:
Spieltheorie und kommunikatives Handeln in den Internationalen Beziehungen.

Eine Analyse der ZIB-Debatte (1994-2001)
(Band 4)
140 Seiten, 24,90 Euro, 2007
ISBN 978-3-8288-9346-7

Carina Schmitt:
Does Civic Engagement Matter? Soziale Beteiligung und Public Policy in Ecuador
(Band 5)
116 Seiten, 24,90 Euro, 2007
ISBN 978-3-8288-9377-1

Karl Marker:
Politische Skandale in Demokratien und Schauprozesse in Diktaturen. Zur funktionalen Äquivalenz
(Band 6)
102 Seiten, 24,90 Euro, 2007
ISBN 978-3-8288-9393-1

Tatjana Rudi:
Der Einfluss von Institutionen auf die Wirtschaftsleistung der Transformationsstaaten
(Band 7)
148 Seiten, 24,90 Euro, 2007
ISBN 978-3-8288-9417-4

Christian Grobe:
Kooperation und Verhandlungen in den Internationalen Beziehungen. Eine Neubetrachtung der ZIB-Debatte aus rationalistischer Perspektive
(Band 8)
114 Seiten, 24,90 Euro, 2007
ISBN 978-3-8288-9472-3

Christine Tiefensee:
Moral Realism. A Critical Analysis of Metaethical Naturalism
(Band 9)
146 Seiten, 24,90 Euro, 2008
ISBN 978-3-8288-9534-8

Emanuel Hansen:
Politische Partizipation in Europa. Erklärungsfaktoren und ihr Zusammenwirken
(Band 10)
107 Seiten, 24,90 Euro, 2009
ISBN 978-3-8288-9842-4

Robert Lehmann:
Politische Veränderungen als Lernprozesse. Handlungstheoretische Rekonstruktion und Bewertung von Ansätzen des Policy-Lernens
(Band 11)
125 Seiten, 24,90 Euro, 2009
ISBN 978-3-8288-2088-3

Katrin Kräuter:
Der Machtbegriff bei Hannah Arendt
(Band 12)
90 Seiten, 19,90 Euro, 2009
ISBN 978-3-8288-2171-2

Florian Röder:
US-Außenpolitik und nukleare Aspiranten. Nichtverbreitung durch Anreize?
(Band 13)
100 Seiten, 24,90 Euro, 2010
ISBN 978-3-8288-2197-2

Siegfried Bühler:
Determinanten Freiwilligen Engagements. Argumentation für den Nutzen einer handlungstheoretisch geleiteten Herangehensweise an eine theoretische Integration
(Band 14)
134 Seiten, 24,90 Euro, 2010
ISBN 978-3-8288-2386-0

Stefan Schlag:
Verwaltungsreform und Effizienz. Eine Analyse des Neuen Steuerungsmodells für Kommunalverwaltungen
(Band 15)
78 Seiten, 19,90 Euro, 2011
ISBN 978-3-8288-2554-3